오늘의 GDP로 엿보는
10년 후, 한국

"

시대가 달라졌다?
시대의 흐름에 맞지 않다?

이 말의 의미는
한 사회의 소득수준,
즉 GDP에 걸맞은
'의식'과 '세계관'을 가지고
살아야 한다는 뜻이다!

"

오늘의 GDP로 엿보는
10년 후, 한국

지은이 김영찬
펴낸이 이종록 펴낸곳 스마트비즈니스
등록번호 제 313-2005-00129호 등록일 2005년 6월 18일
주소 경기도 고양시 일산동구 정발산로 24, 웨스턴돔타워 T4-414호
전화 031-907-7093 팩스 031-907-7094
이메일 smartbiz@sbpub.net
ISBN 979-11-85021-81-2 03320

초판 1쇄 발행 2017년 8월 16일

2028 2027 2026

대한민국의 현주소와 '10년 후를 대비하게 하는 책!'

오늘의 GDP로 엿보는
10년 후, 한국

| 김영찬 지음 |

Sb
smart business

| 머리말

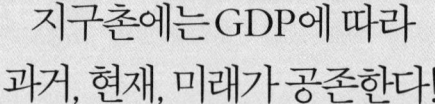

지구촌에는 GDP에 따라
과거, 현재, 미래가 공존한다!

인터넷에서 중산층의 기준에 대한 이야기가 화제다. 중산층은 그 나라의 경제적, 사회적, 문화적 수준이 중간을 이루는 집단을 뜻한다. 그래서 그 나라의 민낯, 문화와 국민성을 잘 표현해주는 지표가 된다.

경제협력개발기구OECD는 소득이 중위 소득전체 가구를 소득 순으로 나열했을 때 가운데 소득에 해당하는 50~150% 가구를 중산층이라고 부르고, 50% 미만은 빈곤층, 150% 이상은 상류층으로 구분하고 있다. 선진국인 미국, 영국, 프랑스의 중산층 기준은 다음과 같다.

- 미국공립학교에서 가르치는 중산층 : 자신의 주장이 떳떳해야 할 것, 약자를 도울 것, 부정과 불의에 대응할 것, 탁자 위에 정기적으로 보는 비평지가 있을 것.

- 영국 옥스포드 대학교에서 제시한 중산층 : 페어플레이를 할 것, 자신의 주장과 신념을 가질 것, 나만의 독선을 지니지 말 것, 약자를 두둔하고 강자에 대응할 것, 불의 · 불평 · 불법에 의연히 대처할 것.

- 프랑스 퐁피두 대통령이 '삶의 질'에서 정한 중산층 : 외국어 하나 정도는 구사하여 폭넓은 세계 경험을 갖출 것, 한 가지 이상의 스포츠를 즐기거나 하나 이상의 악기를 다룰 것, 남들과 다른 맛을 낼 수 있는 별미 하나 정도는 만들어 손님을 대접할 것, 사회 봉사단체에 참여하여 활동할 것, 사회 정의가 흔들릴 때 이를 바로잡기 위해 앞장설 것.

그런데 특이한 것은 선진국의 중산층 기준에는 소득에 대한 언급이 없다는 것이다. 소득 대신 그 사회를 대변하는 문화와 시민의식만 있을 뿐이다. 그렇다면 선진국의 문턱에 있는 우리나라 중산층 기준은 어떨까?

- 한국 연봉 정보사이트 직장인 대상 설문 : 부채 없는 30평대 아파트, 월 급여 500만 원 이상, 자동차 2,000cc급 중형차, 예금 잔고 1억 원 이상, 해외여행 1년에 1회 이상 등.

선진국은 중산층의 기준을 '인생의 가치'로 매기지만, 우리나라는 오직 '금전적 잣대'로만 매기고 있다. 다소나마 위안을 삼을 수 있는 것은 프랑스 중산층 조건의 마지막 부분이다. 2016년 촛불집회를 '사회 정의가 흔들릴 때, 이를 바로잡기 위해 앞장설 것'으로 평가하면 우리나라는 참 중산층이 많은 나라다.

어쨌든 선진국 나라들은 숫자로 측정할 수 없는 것을 가져야 중산층이고, 우리나라는 숫자로 측정할 수 있는 것을 가져야 중산층으로 간주한다. 하지만 진정한 가치는 숫자로 측정할 수 없다. 아이큐가 지혜를 측정할 수 없고, 집의 평수가 가족의 화목을 보장할 수 없고, 연봉이 그 사람의 인격을 대변할 수 없다. 2.0의 시력을 가지고 있다고 해서, 사람을 보는 안목까지 좋은 것은 아니기 때문이다.

그러나 차츰 우리나라도 중산층에 대한 기준이 금전적 잣대가 아닌 사회·문화적 잣대로 바뀌고 있다. 2017년 NH투자증권 100세시대연구소에 발표한 〈사회·문화적 관점의 중산층 기준〉은 다음과 같다. 아직 선진국 수준에는 미치지 못하지만, 많은 변화를 보이고 있다.

우리나라도 1인당 GDP가 3만 달러를 넘어 5만 달러에 도달하면, 중산

| 사회·문화적 관점의 중산층 기준 |

① 인터넷을 이용할 수 있다.
② 해외여행을 다녀온 적이 있다.
③ 선거에는 항상 참여한다.
④ 잘하는 요리가 있다.
⑤ 정기적으로 즐기는 스포츠가 있다.
⑥ 1개 이상의 외국어를 구사할 수 있다.
⑦ 악기를 하나 연주할 수 있다.

*출처 : NH투자증권 100세시대연구소

층에 대한 기준이 선진국처럼 바뀌게 될까?

내일 당장, 1년 후, 5년 후, 10년 후, 우리는 어떤 모습으로 살아갈까?

중산층의 기준만이 아니다. 앞으로 우리 사회가 나아갈 미래 모습은 많은 부분 선진국의 모습으로 변화할 것이다. 아직도 우리나라에서는 후진국에서 만연한 '정경유착, 부정부패, 뇌물탈세, 갑질횡포' 등이 빈번히 일어나고 있다. 대한민국은 1인당GDP 3만 달러를 눈앞에 두고 있다. 1인당GDP 8천 달러인 중국, 1인당GDP 3천 달러인 필리핀, 1인당GDP 1천 달러도 되지 않는 아프리카 여러 나라들과는 비교할 수 없을 만큼 많은 발전을 이루었다.

이제 곧 우리니리는 의식수준도 선진국수준으로 발전할 것이다. 그러면 '정경유착, 부정부패, 뇌물탈세, 갑질횡포'라는 단어들은 찢어지게 가난한 후진국에서나 일어날 수 있는 시대착오적인 사건으로 평가하게 된다는 말이다.

우리는 자본주의 시대에 살고 있다. 자본주의란 무엇인가?

자본주의란 자본 즉, 소득돈이 지배하는 세상이다. 그러므로 사람들의 생활과 의식수준은 소득과 소득수준에 비례한다. 소득수준에 따라 지구촌에는 과거, 현재, 미래가 공존한다.

그렇다면 소득은 우리에게 어떤 것이며, 무엇을 알려주는가?

먼 길을 가려면 지도나 내비게이션이 필요하다. 혹독하고 냉정한 경쟁사회에서 휘둘리지 않고 살아가려면 자신만의 철학과 세계관이 있어야 한다. 소득수준이라는 간단명료한 내비게이션으로 세상을 들여다보면,

세상의 흐름을 적나라하게 볼 수 있다.

또한 한 개인의 인생에서도 수많은 문제와 부딪쳤을 때, 소득수준의 관점으로 보면 쉽게 명쾌한 해답을 얻을 수 있다. 특히 자영업, 재테크, 교육, 여가 등 우리의 실생활과 밀접한 현실적인 문제와 부딪쳤을 때 바로미터의 역할을 해준다.

지구상에는 물리적으로 과거와 미래가 공존할 수 없다. 그러나 소득의 관점에서는 과거, 현재, 미래가 공존한다. 내가 살고 있는 사회보다 못사는 저소득 사회에서 우리의 과거를 볼 수 있고, 더 잘사는 고소득 사회에서 앞으로 전개될 미래를 미리 엿볼 수 있다.

자녀를 유학 보낸다고 가정해보자. 예를 들어 중국과 미국 중 어디로 보낼 것인가?

앞으로 20여 년 후면 중국은 세계 제일의 경제 대국이 될 것이다. 그러나 현재의 중국은 1인당GDP 1만 달러가 안 되는 저소득 사회로서, 한국에 비해 의식수준이 아주 낮다. 그러므로 높은 의식을 배우고 우리의 미래를 보고자 한다면 미국이 더 나을 것이다. 그러나 아이들이 장년이 되었을 때, 경제활동을 고려한다면 문제가 달라진다. 결국 아이들이 향후 먹고사는 소득의 관점에서 본다면 중국을 선택하게 될 것이다.

또한 저소득 국가에 해외투자를 하거나 해외사업을 진출하려면, 특히 고려해야 할 사항이 있다. 바로 저소득 국가의 인프라와 의식수준이다. 선진국 문턱에 있는 대한민국의 인프라와 의식수준의 잣대로 투자 결정을 해서는 안 된다.

한 예로, 후진국은 전력 인프라가 엉망이어서 전력 부족으로 인한 단전이 빈번하다. 또한 부정부패가 만연한 권력이 지배하는 사회여서, 관료 등 힘 있는 사람들의 금전 요구나 부당한 요구를 충족시키지 못하면 인위적으로 전기를 끊어 버린다. 이렇게 엉망인 인프라와 저급한 의식수준으로 인한 단전이 잦음을 고려하여, 투자와 사업 진출의 의사결정을 해야 한다. 그래야만 예전 중국에 세탁기사업을 진출했다가 불안정한 전력 사정에 낭패를 당한 한국 기업의 실패를 반복하지 않는다.

경제 성장률은 소득수준의 역순이다. 경제 개발이 한창인 저소득 국가는 폭발적인 성장을 하나, 중진국에 접어들면 그 성장률이 떨어지고, 고소득 사회인 선진국은 성장이 정체된다. 안정성은 떨어지지만 고수익률을 원한다면 중국보다는 베트남, 인도네시아중국보다 훨씬 못사는 와 같은 저소득 국가의 주식이 나을 것이다.

소득수준이 따라 생활과 의식수준이 달라지고 이에 따라 여가와 레저는 물론 소비 형태도 변한다. 소득수준이 높아짐에 따라 볼링 → 골프 → 요트 → 우주여행으로 변해왔고, 앞으로 이 패턴을 유지할 것이다.

현재 중국은 시진핑이 골프가 부정부패의 온상이라며 골프장을 갈아엎거나 나무를 심기도 한다. 인간의 변화된 의식을 무한정 누를 수는 없다. 중국은 수년 내에 늦어도 시진핑 정권이 끝나면, 골프는 주요 레저가 될 것이다. 그때가 되면 중국의 골프회원권 가격은 급등할 것이다.

소득이 증가하면 사회가 고도화, 세분화되어 하는 일들이 다양해지고 각자의 관심사도 서로 다르게 된다. 이에 따라 밖에서 사람을 만나기보다는 혼자나 가족과 함께 보내는 것이 보편화된다. 그래서 혼자나 가족과 함께 시간을 보낼 수 있는 공간이나 놀이가 각광받는다. 예전에 동창, 친구 같은 지인 등이 함께 모여서 마셔라 부어라 하던 장소에는 사람이 줄게 된다.

상호부조와 친목도모라는 명목 아래 일면식만 있으면 수금할 목적으로 자녀의 결혼식 등에 초대하던 행위가, 이제는 다른 사람의 시간을 뺏는 결례로 취급받는다. 그래서 가족끼리 조촐하고 진정한 축하의 시간을 갖는 자리로 변화할 것이다. 따라서 자영업이 힘들어지고 혼밥, 혼술, 1인 가구가 더욱 성행하게 된다.

고소득 사회는 경쟁이 치열해지고 돈이 넘쳐남에 따라 투자할 곳도 마땅치 않고 투자수익율도 낮아지게 된다. 이에 따라 아무나 할 수 있는 부동산투자보다는 수익을 내는 데 효율과 효과를 발휘할 수 있는 기업, 즉 주식투자가 늘어나 포트폴리오자산 구성에서 주식이 차지하는 비중이 상대적으로 증가하게 된다.

2017년 8월 현재 한국의 주식시장도 이러한 추세를 반영하는 중이다. 또한 부동산도 극소수층의 부자들이 원하는 지역이나 위치에 소재하는 부동산예로 미국 맨해튼의 아파트의 경우처럼, 상상 이상의 가격까지 오를 수도 있을 것이다.

소득수준과 의식수준은 비례한다. 우리의 인간사는 시간이 흐름에 따라 삶이 달라진 것이 아니라, 소득 증가와 함께 인간의 역사가 달라졌다.

우리는 소득 속에서 살고 있다. 어떤 사회의 소득이 달라지면 인프라와 의식이 달라짐으로써, 독재가 민주정치로 정치 체제도 달라진다. 소득수준이 상승함에 따라 의식수준은 공동체의식 → 자아의식 → 사회의식 → 배려의식 → 하나공감의식으로 발전하게 된다.

이 의식수준은 '누가 중심이 되느냐'에 따라 구분된다. '나', '너'를 인식하지 못하고 울타리 내의 '우리'만을 아는 1단계공동체의식, '나'를 아는 2단계자아의식, '너'를 아는 3단계사회의식, '나와 너'를 넘어 약자그들을 아는 4단계배려의식로 발전한다. 아마도 미래의 5단계는 하나공감의식으로 발전할 것이다.

소득수준이 변함에 따라 의식수준까지도 포함한 모든 것이 달라지므로, 의사결정 시 -자신만의 거창한 철학적 기준은 아니지만- 소득수준은 우리를 올바른 결정에 이르게 하는 간단명료한 바로미터가 될 것이다.

이 책을 통해 소득이라는 키워드로 과거와 현재를 읽고, 더불어 미래를 설계할 수 있는 절호의 기회를 얻기 바란다.

| 차례 |

머리말 | 지구촌에는 GDP에 따라 과거, 현재, 미래가 공존한다! • 4

CHAPTER 01 | 소득과 인류 문명
인류의 문명은 소득과 함께 이동했다 • 16

CHAPTER 02 | 소득과 의식수준
저소득 사회에서 '과거'를, 고소득 사회에서 '미래'를 보라 • 30

CHAPTER 03 | 소득과 민주주의
소득이 높아지면 의식도 함께 진화한다 • 46

CHAPTER 04 | 닫힌 사회와 부패
닫혀 있고 부패하면, 절대 고소득 사회가 될 수 없다 • 62

CHAPTER 05 | 열린 사회와 투명성
열려 있고 투명해야 고소득 사회로 간다 • 80

CHAPTER 06 | 세계화와 문화
소득이 높으면 문화도 글로벌화가 된다 • 98

CHAPTER 07 배려의식과 교육
소득수준에 따라 교육도 변한다 • 114

CHAPTER 08 언어, 번역, 독서
언어, 번역, 독서는 소득수준의 바로미터다 • 136

CHAPTER 09 종교와 행복
소득과 행복은 비례하고, 신앙은 반비례한다 • 148

CHAPTER 10 인프라와 인센티브
소득수준의 민낯, 인프라와 인센티브 • 160

CHAPTER 11 여가와 레저
볼링에서 우주여행까지, 놀이가 변한다 • 172

CHAPTER 12 자영업과 소비 변화
소비 트렌드에 따라 자영업도 변한다 • 188

CHAPTER 13 재테크와 트렌드
소득에 따라 트렌드가 달라지면, 재테크도 함께 변한다 • 206

소득 향상에 따른
세상의 변화를 잘 챙겨보자.
향후 대한민국은
3만 달러를 넘어 5만 달러 시대를 맞이하면서,
수많은 변화를 겪게 될 것이다.
고급화, 시간 보내기,
가족과 함께 즐기기, 독립주의싱글족,
액티브 시니어, 다문화,
노약자·동물·자연에 대한 배려,
초고세금·초저금리 시대 등
실로 그 변화의 대상도 다양하다.
이런 세상의 변화가
자신의 삶과 비즈니스에서
어떤 영향을 미칠지,
미리 고민해볼 필요가 있다.
이번 기회에 소득수준의 변화에 따른
자신의 인생 설계와 함께,
재테크 포트폴리오를 점검해보는 것도
의미 있는 일이 될 것이다.

– 이상건(미래에셋은퇴연구소 상무)

인류의 문명은
소득과 함께 이동했다

과거부터 현재에 이르기까지 문명이 발달할수록 소득은 계속해서 증가해왔다. 재레드 다이아몬드는 《총, 균, 쇠》에서 문명의 이동 방향에 대해 이렇게 쓰고 있다.

"문명이 지구의 남북 방향이 아닌 동서 방향으로 이동한 이유는 기후 때문이다. 기후는 동서보다 남북으로 더 큰 영향을 미친다. 그래서 곡식의 종류, 재배 방식, 가축의 사육 방식 등은 남북이 아니라 동서 방향으로 전파됐다. 이 같은 지식은 아시아를 건너 비슷한 경도에 있는 유럽으로 퍼져 나갈 수 있었지만, 남아메리카의 온대 지역의 지식은 북아메리카의 온대 지역으로 전파되지 못했다. 두 대륙 사이에는 동식물의 종류와

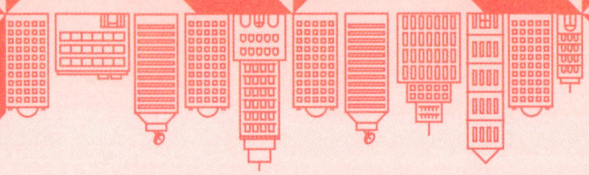

CHAPTER 01

소득과
인류 문명

거주 습성이 매우 다른 열대 지대가 펼쳐져 있었기 때문이다. 이와 같은 이유로 문명이 남북_{위도} 방향이 아닌 동서_{경도} 방향으로 이동했다."

　인류의 문명은 동쪽에서 서쪽으로 이동해왔다. 문명이 서동이 아닌 동서 방향으로 이동한 이유는 무엇일까?

　'동에서 서'로 '서에서 동'으로 이동한 양쪽 사람들 간에 이용 가능한 '시간의 차이'가 누적되어 문명의 차이를 가져왔을 것이다. '동에서 서로 이동한 사람의 '이용 가능한 시간'이, '서에서 동으로 이동한 사람에 비해 더 길다. 해는 동에서 떠서 서로 저문다. 그러므로 해가 이동하는 방향인 '동에서 서로' 이동하는 경우, 해가 떠 있는 시간이 더 길어진다. 이렇게 길어진 시간을 이용한 사람들이 문명을 발달시켜 문명은 서쪽으로 이동했다.

　동쪽이나 서쪽 어느 방향으로 이동 시, 이동하는 방향에 따라 해가 떠 있는 낮시간의 차이를 극명하게 느낄 수 있는 것은 시속 800km로 날아가는 비행기에서다. 우리가 비행기로 동에서 서로 이동할 때는 해가 계속 떠 있어 밝은 낮시간이 길어진다. 반대로 서에서 동으로 비행할 경우는 금세 어둠이 된다.

　다음은 동→서 방향으로 이동 시와 그 역방향인 서→동 방향으로 이동 시 해가 떠 있는 낮시간의 차이다. 우리는 낮시간에 주로 업무활동을 한다. 지금 같은 조명시설이 없던 옛 시절은 더욱 그렇다.

　다음 표에서 말을 타고 이동할 경우, 동에서 서로 이동한 사람_{이하 '동서'}과 반대로 서에서 동으로 이동한 사람_{이하 '서동'} 간에 해가 떠서 해가 질 때까지 낮시간의 차이를 보자.

동·서 이동의 낮시간 차이

이동 수단	이동 속도 (km/h)	하루 8시간 이동 거리 (km)	하루 8시간 이동 시 낮시간 득실(得失)		동에서 서로 이동 시 일정기간 동안 낮시간 이득		
			동→서 이동	서→동 이동	하루	1년	100년
말	30	240km	8.64분*	-8.64분	17.28분	105시간 =13일**	1,300일 =3.6년
사람 (도보)	5	40km	1.44분	-1.44분	2.88분	17.52시간 =2.19일	219일 =0.6년
항공기	800	6,400km	230분	-230분	460분	2,798시간 =350일	
비고	하루 업무시간 : 8시간						
	지구 시간당 자전거리 : 지구둘레 4만km÷24시간=1,666km						
	* 240km÷1,666km=0.144시간, 0.144×60=8.64분 ** 105시간÷8(하루 업무시간)=약 13일						

각각 하루 240km씩 이동하므로 '동서'는 하루에 약 8.64분이 길어지며, '서동'은 하루에 약 8.64분이 짧아진다. 그래서 '동서'는 '서동'에 비해 낮시간해가 떠 있는 시간을 하루에 17.28분 더 이용할 수 있다.

하루 업무시간을 8시간으로 계산하면, 1년에 105시간13일이다. 10년이면 130일, 100년이면 1,300일3.6년이나 동에서 서로 간 사람이 시간상의 이득을 얻게 된다.

또한 '동에서 서로 이동'하는 것은 다음과 같은 부수적인 효과를 얻을 수 있었다. 옛날 사람들은 시력이 8.0으로 현대인보다 훨씬 더 멀리 볼 수 있어서, 가시거리 내의 열매를 얻을 수 있었다. '동에서 서로 이동은 더 길어진 낮시간에 더 많은 먹을 것을 확보할 수 있었다. 이처럼 '동서' 이동은 먹을 것을 확보하는 데 유리해, 이동 중에 체력 유지와 생존율을 높인다.

이처럼 '동서' 이동으로 추가적인 시간의 확보는 다음과 같은 유리함을 준다.

첫째, 기술은 어느 천재의 개별적인 행동을 통해서가 아니라 누적된 행동을 통해 발전한다. 누적 행동에는 시간이 필요하고 사람이 더 많은 것이 유리하다. 또한 2등은 기억되지 않는 것처럼 기술의 후발주자가 누리는 이득은 선발주자의 이득에 비하면 미미하다. 10년에 130일, 100년에 1,300일_{3.6년}의 시간상의 이득은 기술과 문명의 차이를 가져오기에 충분하다.

둘째, 생존율이 높아지면 인구가 많은 도시 형성에 유리해진다. 사람이 많이 모이는 도시에서는 다양성과 더 많은 사람의 지식이 축적되어 혁신이 이루어진다. 시대를 막론하고, 인류의 위대한 발명품인 도시는 많은 장점을 지니고 있다. 도시에서는 평균 임금이 높은 반면, 그에 비해 생활비도 많이 지출된다. 대략 도시 규모가 두 배씩 커질 때마다 임금은 10%가 높고, 반면 물가는 16%가 높다. 물가가 더 높아 이득이 없는 것 같다. 그런데도 사람들은 도시로 몰려든다.

도시에서는 매일 혁신이 벌어지고 있다. 도시 근로자들은 임금이 더 빨리 오른다. 얼마 후에 도시 사람은 더 높은 실질 소득을 누리게 된다. 사람들이 도시에 살면 서로에게서 배우기 때문에 더 빠르게 똑똑해진다는 것이다. 도시에는 보이지 않는 '공기 중에' 배움이 있다. 임금賃金이 어떻게 변하는지 살펴보면 그 보이지 않는 것을 볼 수 있게 된다.

또한 에이미 추아는 《제국의 미래》에서 '관용'으로 사람이 몰려들어야 제국이 된다고 했다. 이처럼 인구가 많아져서 다양해진 사고와 문화가 제국의 문명을 창조했다는 것이다.

<u>이와 같이 '서에서 동'이 아닌 '동에서 서로'의 문명 이동은 '시간의 차이'가 가져온 산물이다. 문명이 발전하면 소득도 증가한다. 결국 이용 가능한 시간의 차이가 소득문명의 차이를 가져온 것이다.</u>

* * *

"시간은 돈이다."라는 말은 상투적이다. 그렇지만 주어진 하루를 어떻게 보내느냐, 매일 하는 일들을 어떤 방식으로 처리하느냐, 어떤 생각으로 시간관리를 하느냐에 따라 소득富이 달라진다. 고래서 역사석으로 위대한 성공을 남긴 사람들은 돈보다 시간을 귀하게 여겼다.

세상에서 가장 공평한 것은 시간이다. 부자든 가난하든, 많이 배운 사람이든 적게 배운 사람이든, 젊은이나 노인이나 하루 24시간, 일 년 365일은 누구에게나 절대적으로 공평하다. 시간은 누구에게나 공평하게 주어지지만 그 쓰임은 차이가 크다. 결국 성공한 사람과 실패한 사람의 차이는 공평하게 주어진 시간을 어떻게 활용하느냐의 문제다.

우리가 살아가고 행복을 추구하는 데 필요한 돈을 벌기 위해서는 시간을 투자해야 하고, 휴식과 재충전에도 시간이 필요하다. 소득을 향상시키기 위해서는 시간관리에 대한 의식이 무엇보다 중요하다. 시간에 대해 어떤 생각을 가지고 있느냐가 그 출발점이다. 시간의 중요성을 자발적으로 인식하고 시간관리를 하는 경우가, 타의에 의해 시간이 관리되는 경우보다 효율적이다.

최첨단의 학문, 기술, 사업에는 단순히 일을 조금 더 하는 것보다, 발상의 전환은 물론 새로운 영감을 얻기 위한 휴식과 사유의 시간이 중요하다. 반면에 최고의 고소득자나 고소득 사회가 아닌, 앞서간 다른 사람이나 사회를 배우고 모방하는 수준의 단계에서는 절대적인 시간의 투자가 반드시 필요하다.

업무시간의 길고 짧음은 소득에 영향을 미친다. 날씨가 무더운 나라는 대체로 소득수준이 낮다. 대부분 무더운 지역에서는 한낮에 낮잠을 자는 시간을 갖는다. 이집트의 룩소 지역은 한여름 최고 온도가 섭씨 50도를 넘나든다. 이런 무더위에 실외 작업은 일사병 등으로 목숨을 잃을 수 있다. 낮잠은 악조건의 자연환경에서 살아남기 위한 방편인 것이다. 자연조건이 열악하여 일하는 시간이 적으니, 당연히 경제가 뒤처질 수밖에 없다.

고소득 사회에서는 남들이 못하는 신기술과 신제품을 개발해야만 소득의 향상을 이룰 수 있다. 기존의 단순한 기술이나 제품에 시간을 추가로 투자해도 효과가 신통하지 않다. 새로운 것을 개발하기 위해서는 다른 분야와 통섭이 필요하고, 영감과 발상이 필요하다. 이를 위해 독서와 사유를 위한 휴식이 절대적으로 필요하다.

　16세기 영국의 정치가이자, 인문주의자인 토머스 모어는 오전 3시간, 오후 3시간 일하는 사회를 그리면서 '어디에도 없는 곳'이라는 뜻의 '유토피아'를 창시했다. 그러나 현실적으로 존재하기 어려울 것만 같았던 토머스 모어의 유토피아가 등장하고 있다. 스웨덴에서 하루 6시간 근무제 도입이 민간기업을 중심으로 시행되고 있는 것이다.

　일부 최고의 고소득 국가는 회사에 머무는 시간이 7시간 30분인 나라도 있다. 덴마크2017년 1인당GDP 55,150달러의 경우, 근무시간은 7시간이고 점심시간이 30분밖에 안 된다. 우리도 5만 달러대에 도달하면 이렇게 바뀌지 않을까 싶다.

　최근 고도 성장기인 1970년대 이후로 유례없는 구인난에 시달리는 일본 기업들이 인재를 확보하기 위해 '주4일 근무제 도입' 등 다양한 아이디어를 짜내고 있다. 우리나라도 공무원을 대상으로 유연근무제를 검토하고 있다. 유연근무제란 일일 8시간, 주5일 40시간의 일반적인 근무 형태에서 개인별 신청에 따라 주중에 1시간씩 더 근무하고 금요일 오후에 조기 퇴근하는 제도다. 가족과 함께 보낼 수 있는 여가시간이 늘어나 내수 진작과 경기 부양에 기여할 수 있다.

　반면에 저소득이나 중간소득 사회는 자기보다 앞선 사회의 학문, 기술, 제품 등을 배우고 모방할 것들이 많다. 당연히 시간투자를 늘리면 소득이 확실히 향상된다. 1990년대 초 한국은 1인당GDP 7~8천 달러의 개발도상국이었으며, 기업들 또한 세계 일류가 아니었다. 세계 일류기업이 되기 위해서는 일류기업과의 기술 격차를 줄여야만 한다. 일류 기업의 기술을 따라잡기 위해서는 절대적인 시간을 쏟아 부어야 했다.

당시 세계 일류가 아니었던 삼성이 1993년에 아침 출근시간을 2시간 앞당겨 7시로 한 것은 시의적절했으며, 대단한 발상이었다. 아침 7시 출근의 장점은 첫째, 일찍 출근하여 2시간 더 근무함으로써 해외 일류기업의 기술과 어깨를 나란히 하는 데 필요한 기간을 단축할 수 있었다.

둘째, 근무시간이 전과 동일하다고 해도 일찍 출근한 만큼 퇴근시간을 그만큼 앞당김으로써, 근로자 자신과 회사에 모두 이득이 됐다. 일찍 출근하기 위해 새벽에 일찍 일어나려면 전날 일찍 잠자리에 들어야 한다. 그래서 밤에 술을 마시거나 수일거리로 의미 없이 낭비하는 시간이 줄어든다. 일찍 퇴근하여 길어진 낮시간에 자기계발을 함으로써, 근로자 자신의 업무 성과와 회사의 생산성을 높일 수 있었다.

아마도 '2시간 빨리'는 '2시간 더'가 될 수밖에 없었을 것이다. 투입이 많아지면 산출이 많아질 수밖에 없다. 전쟁에 비유하면 같은 조건이라면 병력이 많은 쪽이 전쟁에서 승리한다. 나폴레옹은 항상 병력의 우위를 확보한 상태에서 전투를 벌였다. 그래서 그는 승승장구할 수 있었다.

나폴레옹이 전투에서 항상 병력의 우위를 점할 수 있었던 것은 빠른 기동력이었다. 우수한 기동력으로 예비 병력을 전투에 투입함으로써 숫자의 우세를 점했던 것이다. 그리하여 대치 전선 중 한쪽을 무너뜨림으로서 전체 전선에서 연쇄적으로 병력 수에서 더욱더 큰 우위를 점하여 전쟁을 승리로 이끌었던 것이다.

'2시간 더'는 10명의 아군 병력으로 8명의 적군 병력과 싸우는 것과 같다. 그러나 빠른 기동을 하려면 장병의 의지와 자질이 필요한 것처럼, '2시간 더'도 종사자의 최고가 되려는 의식과 문화가 뒷받침되어야 한다. 삼성 같은 대기업이기에 이것이 가능했지만, 아마도 중소기업의 종사원에게 2시간 빨리 혹은 '더' 근무에 임하라고 요구하면 아마도 그만두겠다고 할 것이다.

'2시간 더'가 누적되면 1년이면 3개월, 10년이면 2.5년을 더 일한 결과가 된다 하루 정규 업무시간 8시간일 경우.

황의 법칙에 따르면 메모리 반도체의 집적도는 1년에 두 배씩 늘어난다. 반도체 기술에서 6개월~1년을 뒤진다는 것은 그 기술이 무의미하다는 것을 말한다. 그러므로 10년의 기간 동안에 추가로 더 투입한 2.5년의 시간은 얼마나 대단한 업적을 낳았겠는가!

위대한 전략은 간단하고 명료해야 한다. 나폴레옹의 '더 많은 병력 수'와 삼성의 '2시간 더'는 실제 전쟁과 산업전선에서 승리를 위해 더 이상 분명하고 더 이상 간단할 수 없는 위대한 전략이었다.

이와 같이 시대를 초월하여 시간의 추가 확보는 문명 소득의 이동 방향을 결정지었고, 경제 성장률에 기여했으며, 이류기업을 글로벌 일류기업으로 만들고, 근로자의 소득을 향상시켰다. 시간관리에 대한 의식의 향상은 소득을 향상시킨다.

✱ ✱ ✱

　인류의 역사는 소득이 증가함에 따라 소득의 이전 방향과 행태 및 그 수혜자_{어느 사회에서 자신이 생산한 소득보다 더 많은 소득을 향유하는 사람이나 계층}가 달라진다. 첫째 소득의 이전_{흐름} 방향에서 볼 때 인류 역사는 상향 → 수평 → 하향 사회로 진행되며, 둘째 소득의 이전_{수혜} 형태는 착취 → 능력 → 베풂으로 발전한다.

　이를 소득의 이전_{흐름} 방향, 수혜자, 피해자_{제공자}, 소득 이전_{수혜} 형태, 정치 체제, 사회의 소득수준에 따라 분류한다.

　상향 사회는 권력자가 백성들로부터 소득을 착취하는 형태로 왕정, 군주정, 절대 독재 정치로서 저소득 사회다.

　수평 사회는 시민이 주인이 되어 수혜자나 피해자가 없이 능력에 따라 사는 형태로 민주주의_{자본} **정치로서 중간소득 사회다.**

소득의 이전과 사회 변화

사회 : 소득 이전(흐름)	(왕·군주) ↑ ↑ ↑ 시민 시민 시민	시민 ↔ 시민	(기업·자본가) ↓ ↓ ↓ 시민 시민 시민
방향	상향	수평	하향
형태	착취, 수탈	능력	베풂
정치	왕정, 군주정, 절대 독재	민주(자본, 공산)	베풂(소득, 기업)

하향 사회는 대자본가기업**가 사회적 약자에게 소득을 베푸는 형태로 베풂주의 정치로서 고소득 사회다.**

소득의 관점에서 인류 역사를 상술하면, 상향 사회는 태초 이래로 수만 년의 시간물리적이 흘렀지만, 대부분의 인류가 근세까지 군주의 억압 아래서 수탈을 당하며 살았다.

북한, 아시아·아프리카의 빈곤 국가의 경우는 21세기 현재까지도 군주나 다름없는 독재 권력에 백성들은 수탈을 당하고 있다. 왕, 군주, 절대 독재자는 백성들이 굶주리고 헐벗는 생활을 하는데도, 백성들을 일방적으로 착취하여 자신의 배만 불린다. 민초들은 절대 권력의 억압과 수탈에도 무기력하게 순응하며, 기아를 면하는 것이 지상과제로서 자신의 권리에 대한 의식자아의식이 없다.

수평 사회는 소득과 의식의 향상으로 시민들이 주인이 되는 민주주의로서 평등한 사회다. 이 사회는 수탈하는 자가 없으며 각자 독립적 인격체로서 능력에 따라 살아간다.

공산주의는 과도기적 형태로서 사라져 버렸다. 공동생산과 공동분배라는 허울을 쓰고 있지만, 공산당 일당 독재로서 폭압정치를 하던 공산주의는 자신의 결점을 드러내고 쓰러졌다. 공산주의는 못사는 울타리 공동체의식에서 가능한 사회다.

인간은 개미가 아니다. 개미는 자기들의 공동체개미집에서 영겁의 세월을 똑같은 미물로서 살고 있다. 모든 인간이 개미처럼 생명만 연장하는 미물의 생활수준에 만족한다면 공산주의는 영속했을 것이다.

수평 사회인 민주주의는 자본주의와 함께 발전을 거듭해왔다. 자본주의와 민주주의는 떼려야 뗄 수 없는 관계다. 자본주의 경제로 국민의 소득이 증가하고, 이에 따라 의식수준이 향상되어 자아의식이 발현되어야 진정한 민주주의를 성취할 수 있기 때문이다.

이러한 자본주의는 능력에 의한 평등주의다. 능력에 따라 소득부가 달라지며 소득이 힘Power이 된다. 현대 사회는 누가 누구를 수탈하는 사회는 아니지만, 군주가 아닌 자본가에게 권력이 집중된 사회다.

하향 사회는 고소득 사회가 될수록 자본주의가 고도화되어 소득과 부가 한쪽으로 쏠리게 된다. 이에 따라 경쟁에서 탈락한 사회적 약자의 수는 늘어만 간다. 미래 사회는 부자가 사회적 약자에게 '베푸는' 사회가 될 것이다. 우리의 고소득 사회는 이미 베풂의 단초를 보이기 시작했다. 베풂 사회로 넘어가기 전에도 과도기적 현상으로 사회보장이 확충되며, 기부문화가 확산되어 소시민들도 적은 금액일지라도 능력이 닿는 대로 기부를 한다.

지난 20년간 하루에 약 50억 원씩 기부했다는 빌 게이츠, 빌 게이츠의 기부 운동에 동참해 370억 달러를 기부하겠다고 한 투자왕 워런 버핏, 첫아이가 태어나자 재산의 99%를 기부하겠다고 발표한 페이스북의 설립자 마크 주커버그까지, 한 나라의 문화수준을 측정할 수 있는 다양한 요소 중 가장 큰 비중을 차지하는 것이 바로 기부문화의 정착이다.

전 세계에 기부문화를 정착시킨 미국, 성숙한 시민의식을 보여주는 영국, 세계 기부지수 1위 호주, 정책적 지원으로 나눔문화를 활성화

시키는 일본의 공통점은 기부문화가 정착된 선진국이라는 데에 있다.

이렇게 막대한 소득을 창출하는 대기업과 자본가가 사회적 약자에게 베푸는 사회가 되려면, 그 사회에 배려의식이 전반적으로 형성되어야 한다. '인간은 존엄하다'는 생각과 사회적 약자가 이 존엄성을 잃지 않도록 도와주는 배려의식은 고소득 사회가 되어야 비로소 가능해진다.

미국과 유럽은 고소득 사회이며, 이러한 사회에서 빌 게이츠의 '베풂'처럼 아름다운 선행이 먼저 시작된 것은 우연이 아니다. 빌 게이츠는 '창조적 자본주의' 단순히 기업의 사회적 책임에서 더 나아가 자본주의의 혜택을 받지 못하는 빈민들을 대상으로 한 적극적인 기업활동를 주창하고, 자신의 재산을 상속하지 않고 거의 모두를 사회에 환원하겠다고 약속했다.

이처럼 우리의 미래는 민주자본주의에서 '베풂주의'로 갈 것이다. 자본주의는 소득돈이 권력이다. 베풂주의는 소득으로 권력을 행사하지 않고 대신 베풂을 구현하는 것이다. 그 베풂은 주로 대기업들이 할 것이다. 그러므로 미래에는 기업의 역할이 너욱 중요해진다.

베풂은 북미나 유럽의 고소득 사회에서는 이미 시작됐다. 어느 사회이든 1인당GDP 5만 달러가 되면 이러한 사회로 이행된다. 우리나라의 경우도 아직 소득이 거기에 미치지 못하지만, 표 나지 않게 조용히 기부하는 사람들과 기업들이 조금씩 많아지고 있다.

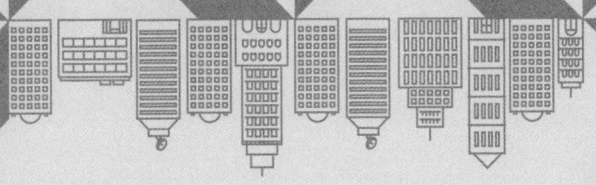

CHAPTER 02
소득과 의식수준

저소득 사회에서 '과거'를, 고소득 사회에서 '미래'를 보라

왜 소득수준을 안다는 것이 중요할까?

<u>우리가 소득수준을 알면 ① 세상을 알 수 있고, ② 세상의 트렌드를 예상할 수 있으며, ③ 다가오는 미래를 예측할 수 있기 때문이다.</u> 소득수준의 변화로 다가오는 미래를 알 수 있다면 허둥대지 않고 위험을 대비하고, 부의 길목을 지켜 행복한 삶을 설계할 수 있을 것이다.

소득의 정의는 '일정 기간의 근로, 사업, 자산 등에서 얻는 수입'을 말하며, 소득지표로 주로 1인당GDP를 쓴다. 1인당GDP는 국민의 평균 소득으로서 국가와 국민의 소득 창출 능력에 대한 평균치를 함의하고 있다.

현대에서 국가의 부는 통산GDP라는 용어로 측정되며, 매 3개월마다

한 나라의 경제가 얼마나 빠르거나 느리게 성장하는지를 말해주는 숫자로 표현된다. 미국에서는 상무부 경제분석국이 국민소득과 생산 계정을 담당하지만, 다른 대부분의 나라에서 국민소득 계측은 통계청에서 매년 발표한다.

GDP Gross Domestic Product 라는 머리글자는 1990년대 초반에 도입됐다. 경제 및 금융의 세계화로 기업들이 세계를 상대로 수익을 벌어들이고, 탈지역화로 가던 시기였다. 2차 세계대전 이후의 활황과 함께 GDP는 현대의 경제학을 만들고, 정상적인 경제와 사회의 이미지까지 규정하게 되었다. GDP는 경제생활의 한 측면을 드러내는 통계 숫자를 넘어 과학성, 객관성, 보편성, 나아가 현대성을 상징하는 지위를 차지하게 된다.

그리고 지난 수십 년간 GDP의 실적은 정치 지도자가 누구든, 산업 발전의 수준과 문화적 배경이 어떠하든 간에, 세계 대부분의 나라에서 최우선 순위가 됐다. 이 말은 GDP가 성공과 부의 키워드가 됐다는 뜻이다.

GDP는 일정 기간 동안, 대개는 매 분기마다, 생산된 재화와 서비스의 가치로 측정된다. 이 가치는 생산물의 시장 가격으로 측정되며, 다음과 같은 공식으로 표현할 수 있다.

GDP = 소비 + 투자 + 정부 지출 + 수출 - 수입

소득이 있어야 먹는 것을 해결하고, 나아가서 행복을 추구할 수 있다. 그러나 혹자들은 "GDP란 낡은 개념이며, 행복은 GDP 순이 아니다."라고 주장한다. GDP가 낡은 개념이라며 MEW_{Measure of Economic Welfare, GNP가 국민 복지의 크기를 잘 측정하지 못한다는 데 착안하여, 미국의 경제학자 노드하우스와 토빈이 GNP의 복지지표로서의 결함을 보완하여 제시한 경제적 후생지표다} 등을 대안으로 제시하고 있으나, 그 어느 것도 우리가 만족할 측정치를 제시하지 못하고 있다.

또한 행복은 GDP 순이 아니라고 주장하는 사람도 자신의 소득이 줄어들어 자녀들에게 원하는 것을 해주지 못하거나, 가족이 병들었어도 치료할 수 없는 처지라면 정말 행복할 수 있을까?

그러므로 여전히 소득은 우리의 생존부터 행복까지 삶의 질 전체를 지배하고 있으며, 현실적으로 소득과 행복은 비례관계에 있다.

GDP에 대한 비판론이 제기되고 이에 대한 대안으로 '행복GDP'지표를 도입하자는 주장이 거론되고 있다. 하지만 새로운 대안이 과연 경제성과와 삶의 질까지 포함하여 측정하는 훌륭한 지표가 되느냐 여부는 조금 더 기다려 봐야 할 것이다.

우리는 세상에 대한 오류와 의도적 왜곡을 수정하고 올바른 판단을 하는데 GDP를 이용할 수 있다. 왜냐하면 사람은 먹는 것의 생존 단계부터, 질병 치료와 문화생활, 남을 돕는 기부행위까지 점점 더 많은 소득_돈을 필요로 한다. 의식_{衣食}이 족해야 예의를 아는 것처럼 소득이 향상됨에 따라 의식_{意識}이 발전하기 때문이다.

세상에는 과장되거나 잘못된 정보와 의도적으로 왜곡된 주장이 넘쳐난다. 하지만 GDP를 이용하면 이러한 오류와 왜곡으로부터 자유로울 수 있다. GDP에 관한 재미있는 이야기가 있다.

A사는 미국에 특수목적용 볼트와 너트를 수출하는 한국의 회사다. 북한의 천안함 폭침과 연평도 폭격이 잇달아 일어났던 2010년 말이었다. 미국 바이어와 A사 대표는 납품조건을 정하기 위한 협상테이블에 앉았다. 그런데 미국 바이어는 납품단가를 깎을 목적으로 이렇게 물었다.

"남북관계가 전쟁이 곧 일어날 것 같이 불안한데, 납품에 차질이 없겠는가?"

그러자 A사 대표는 대답 대신 이런 질문을 던졌다.

"한국과 미국이 전쟁하면 누가 이기느냐?"

이에 미국 바이어는 당연히 미국이 이기고, 그래서 전쟁은 일어날 수 없다고 말했다. 이에 A사 대표는 이렇게 반문했다.

"미국과 한국의 국가GDP 차이는 미국이 한국에 비해 인구는 대략 7배이고 1인당GDP는 2배로써 14 대 1이다. 그런데 한국과 북한은 40 대 1한국은 북한에 비해, 인구 2배 × 1인당GDP 20배이다. 당신의 주장대로 미국과 한국은 전쟁을 해봐야 게임이 안 되고, 그래서 전쟁이 일어날 수 없다. 하물며 한국과 북한은 40 대 1인데 전쟁이 가당키나 한 것인가."

이에 미국 바이어는 언론에 호도되어 자신이 잘못 판단하고 있었다며, A사가 제시했던 납품단가를 아무 이의 없이 받아들였다.

동서고금을 막론하고 국가의 명운을 건 전쟁은 결국 국력전이다. 위·촉·오의 전쟁부터 제2차 세계대전까지, 결국 국력이 강한 나라가 이겼다. 희대의 책사인 제갈량을 가진 촉도, 가미가제까지 동원한 일본도 결국 국력의 차이로 무릎을 꿇었다.

한국학중앙연구원이 2003년부터 6년에 걸쳐 외국 교과서의 한국 관련 내용 중 59개국 1,147종6%을 분석했다. 그 가운데 절반이 넘는 590여 종51%에서 오류가 발견됐다.

대표적인 오류로 영국 교과서는 한국을 국제 원조를 받는 나라로, 칠레는 한국을 영양 부실 국가로 기술하고 있다. 한국이 1인당GDP 3만 달러 가까이 되는 국가임을 알았다면, 이러한 내용이 오류임을 직감하고 한국에 대한 판단을 그르치지 않을 수 있다. 소아 비만이 사회 문제가 되는 소득수준에 원조와 영양실조가 가당키나 한단 말인가?

중국의 일부 학자들은 이런 주장을 내세웠다.

"중국에서 민주화는 1980년대에 흘러간 문제다. 개발도상국에서 1인당GDP 3천 달러가 넘으면 사회 갈등이 격화된다. 10년 전만 해도 중국 지식인들은 한국을 부러워했다. 경제 발전과 민주화를 달성한 성공 모델이었기 때문이다. 한국 영화와 TV 드라마는 한국식 생활과 패션을 따라 잡는 한류韓流 붐을 낳았다. 하지만 지금은 아니다. 한국과 대만은 잘못된 민주화 때문에 부패와 혼란을 초래했다. 한국은 따라가서는 안 될 발전 모델 중 하나다."

이와 같은 주장은 중국의 보수파 지식인들이 공산당 통치 체제를 의식하여 아부성 발언을 하고 있는 것으로 보인다. 1인당GDP 3천 달러가 넘으면 사회 갈등이 격화된다고 하면서, 중국의 민주화는 80년대에 흘러간 문제라고 얘기하는 것은 앞뒤가 맞지 않다.

중국은 1989년 천안문 사태 때, 1인당GDP 400달러로 굶주림도 제대로 해결하지 못한 상태로, 민주화에 필요한 자아의식을 운운하기에는 시기상조였다. 천안문 사태는 일회성이고 일부분적인 사건이었다. 그러나 중국도 2008년에 3천 달러를 넘었으니, 이제부터 자아의식의 발현으로 인한 민주화 요구로 사회 갈등이 격화될 것이다.

또한 "한국과 대만은 잘못된 민주화 때문에 부패와 혼란을 초래했다."라고 얘기하는데, 중국의 부패가 한국과 대만보다 훨씬 심각하다. 자신들의 처지가 아직은 남의 나라 부패를 언급하고 있을 정도로 한가롭지 않다. 중국의 소득수준이 중국의 부패수준을 말해주고 있지 않은가?

이와 같이 **1인당GDP를 알면 이러한 오류와 의도적인 왜곡으로부터 자유로울 수 있으며, 그 사회를 객관적으로 정확하게 바라볼 수 있다. 우리는 인생 설계, 연구와 개발, 사업, 투자, 재테크를 위한 의사결정 시 소득수준의 관점에서 조망하면 잘못된 결정을 피할 수 있고, 행복한 미래를 설계할 수 있다.**

* * *

역사는 물리적 시간 흐르는 세월이 아닌 사회적 시간 증감하는 소득에 따라 발달한다. 소득이 증가하고 의식이 발달함에 따라 우리 사회는 급격히 달라졌다.

해가 뜨고 지면 지구촌의 물리적인 시간은 흘러가 버려 과거가 된다. 미래는 아직 저 멀리에서 오고 있어 여전히 알 수 없다. 지구촌의 '물리적 시간은 일정하게 흐르기만 할 뿐, 정지하거나 유턴하지 않는다. 아인슈타인의 상대성이론에서처럼 빛의 속도로 이동하면 시간이 느려지는 경우를 제외하고 말이다.

그러나 소득의 증감에서 본 우리 사회의 발전상은 그렇지 않다. 사회가 변화하는 모습, 즉 변화하는 시간이를 '사회적 시간'이라 하자은 물리적 시간과 전혀 다른 모습을 갖는다. 사회적 시간은 소득경제의 발전 속도와 그 진퇴에 따라, 속도는 천차만별이며 정지하거나 유턴하기도 한다.

그래서 **과거가 그리우면 우리보다 저소득인 중국이나 동남아 같은 저소득 사회를, 미래가 궁금하면 미국이나 유럽 같은 고소득 사회로 보면 된다. 또한 미래를 꿈꾸는 젊은이는 고소득 사회에 가서 둥지를 틀고, 과거의 추억이 그리운 사람은 저소득 사회에서 노후를 보내는 경향을 보인다.**

인류 역사에서 중세까지는 지구촌 전체의 소득 증가경제 발전가 미미하여 오랜 세월 동안 사회의 변화는 볼 것 없었다. 하지만 오늘날은 빠른 속도로 발전하는 경제에 따라 사회의 모습은 급변한다. 불과 10~20여 년 전의 사회상이 오늘날은 완전히 달라져 아득한 옛날처럼 느껴지거나, 아예 흔적도 찾을 수 없는 경우가 생긴다.

물리적 시간은 과거로 돌아가거나 미래로 건너뛸 수 없다. 하지만 지구촌에서의 사회적 시간은 지금 이 시간에도 과거, 현재, 미래가 공존한다. 이는 각기 저소득 사회과거, 중간소득 사회현재, 고소득 사회미래의 형태로 존재하고 있다. 그래서 **소득이라는 타임머신을 타면, 사회적 시간에서**

는 과거나 미래로의 이동이 가능하다.

물론 한계도 있다. '최상위 소득 사회는 자신들이 사회적 시간에서 가장 앞선 상태이므로, 앞에 아무것도 없어 미래를 볼 수 없다'는 것이다. 최상위소득 사회는 SF영화에서처럼 선지자가 미래를 꿈꾸고 가상假想할 수 있을 뿐이다.

우리가 사는 자연환경도 소득수준에 따라서 그 모습이 다르다. 한국의 1960~70년대 1976년 한국 1인당 GDP 818달러의 산은 벌거벗은 민둥산이 많았다. 3만 달러를 눈앞에 둔 지금은 제법 숲이 우거져 있다. 하지만 아직도 5만 달러 이상인 서구 선진국의 울창하고 잘 가꾸어진 산에는 미치지 못한다. 10~20년 후, 한국의 산은 고소득 국가처럼 울창한 산의 모습으로 바뀔 것이다.

위와 같이 광역 사회나 국가는 그것들 간의 소득수준에 따라서 또렷이 사회적 시간 모습의 차이를 나타낸다. 그런데 1인당 GDP가 동일한 국가 안에서도 지역과 소득에 따라, 사회적 시간에서 미묘한 차이를 보인다.

강남 어느 아파트 단지 건축한 지 오래된 옛날 아파트로 지하주차장이 없어 지상에만 차를 세운다의 '승용차 백미러 접기와 아파트 평수와의 관계를 보자.

A동의 승용차 백미러는 대부분 접혀 있었으나, B동의 백미러는 접혀 있지 않은 차가 많았다. A동은 B동에 비해 면적은 1.5배, 가격은 1.6배로 A동이 B동보다 크다. 그런데 A동의 경비원들은 주차관리를 하면서 백미러를 접는데 반해, B동의 경비원들은 접지 않는다 여기에는 차문을 잠그면 자동적으로 백미러가 접히는 고급차가 A동에 더 많은 이유도 있다.

A동에 살고 있는 사람들은 경비원들에게 별도의 수고비_팁로 매달 10만 원 주는데 비해서, B동에 살고 있는 사람들은 매달 2~3만 원 정도를 준다는 것이다. 결국 평수 차이로 나타난 소득_부의 차이가 백미러 접기_{다른 사람을 배려하려는 마음에서 그랬겠지만}의 차이로 나타났다. 이뿐만이 아니라 차가 들어오면 A동의 경비원들은 뛰어나와 키를 받아 주차시켜주지만, B동의 경비원들은 코빼기도 비추지 않는다.

일반적으로 고급 주택가일수록 고급 승용차가 많다. 그런데 접힌 백미러의 차이는 동일 단지 안에서 평수와 가격은 몰라도, 나란히 서 있는 아파트 중 어느 동_{위의 A동처럼}이 더 고소득_{부자}인지를 쉽게 짐작할 수 있게 한다.

또 다른 이야기다. 어느 고급 아파트 단지 내 사우나에서 이발소를 운영하는 분의 이야기다.

"지금까지 서울 시내 여기저기 사우나에서 이발소를 운영해왔지만, 이 동네처럼 수건을 적게 사용하는 경우는 처음 보았다."

그후 필자도 운동이나 등산 등으로 다른 동네의 사우나를 이용할 때마다, 이용객들이 수건을 사용하는 모습을 유심히 살펴보게 됐다. 소위 가난한 동네일수록 수건을 많이 썼다. 물기를 닦다 말고 수건을 휙휙 집어 던진다. 최소한 2~3장은 쓴다. '자기 집이었다면 저렇게 샤워 후에 수건을 많이 쓸까?'라는 생각이 들 정도였다.

또한 가난한 동네에서는 사우나의 샤워 꼭지가 레버나 회전식이 아닌 누르는 프레스식이다. 프레스식은 한 번 누르면 물이 계속 나오다가 일정 시간이 지나면 자동으로 꺼진다. 이 프레스식이 다른 방식레버 등의 이용객들이 물을 잠그지 않아서 그냥 흘러내린 물 손실보다 적은 모양이다. 이것은 고객들이 사용 후 물을 잠그지 않는 경우가 많아서 업주들도 경영상 어쩔 수 없는 선택이었을 것이다.

반면에 부자 동네에서는 샤워 후 물기를 닦는 데 대체로 1장의 수건으로 끝냈다. 샤워 꼭지도 샤워가 끝난 후 이용객이 손수 물을 잠그도록 누르는 프레스식이 아닌 레버나 회전식이 대부분이었다. 손님들은 사용 후 물을 잘 잠글 뿐 아니라, 다른 사람이 깜박 잊고 잠그지 않더라도 누구든지 먼저 본 사람이 잠갔다.

* * *

"티끌모아 태산이다."라는 말처럼, 같은 조건이면 절약이 부자를 만든다. 어느 집안이든 뛰어난 인재가 많이 나올 수도, 적게 나올 수도 있다. 그래서 몇 대에 걸쳐 평균적으로는 별 차이가 없을지라도, 절약은 몇 대에 걸치면 부에서 큰 차이를 낳는다.

소득이 높은 사람들은 한국의 평균적인 소득수준에 비례한 의식수준보다 한 단계 더 높은 문화수준을 보이고 있다. 비록 나의 것이 아니지만 수건과 물의 낭비는 사우나 주인의 수익성을 떨어뜨릴 뿐만 아니라, 국가적으로 과도한 물과 전기를 사용하게 하여 종국에는 환경을 오염시키는 등 자연보호에 역행한다.

앞으로 10~20년 후에 고소득 사회가 되면 우리나라도 선진국처럼 사소한 부분까지도 배려하는 의식이 보편화된 사회가 될 것이다. 물론 아직까지 아무 데나 담배꽁초를 던지는 등, 사회의식의 기본인 공공질서를 지키지 않는 아주 극소수의 사람들도 있지만 말이다.

공공질서와 관련하여 저소득, 중간, 고소득 사회를 살펴보자. 대표적인 국가로서 저소득_{중국 2013년 1인당GDP 6,992달러}, 중간소득_{한국 2013년 25,993달러}, 고소득_{일본 2013년 38,550달러}의 공공질서를 보자.

지금은 많이 좋아졌지만 1980년대 후반, 한국의 운전 질서는 무법천지였다. 한국에 거주하던 외국인들은 "스트레스가 쌓이면 차를 몰고 도로로 나가 운전을 하라."고 말할 정도였다. 신호 무시, 중앙선 침범은 아무것도 아니다. 필자는 당시 서울 영등포에서 안산공단까지 출장을 갈 때 일명 '총알택시'로 불리는 택시를 자주 이용했다. 그 총알택시는 과속에 중앙선을 넘어 역주행까지 예사로 했다. 이건 목숨을 건 서스펜스였다.

현재 중국의 운전 모습은 30여 년 전의 한국을 보는 것 같다. 보행자는 안중에도 없고, 편도2차선_{왕복4차선}으로 진행 방향 차선에서 얼마든지 추월할 수 있는 데도 중앙 차선을 넘어 추월한다. 간이 떨리고 오금이 저린다. 이젠 '한국'을 '중국'으로 바꿔 "스트레스가 쌓이면 중국의 도로에서 운전을 하라."고 말한다.

버스나 전철 안에서 시민들의 행동도 각기 다르다. 일본의 경우 전철은 공공구역으로 생각하여 성숙된 시민으로서 행동한다. 휴대폰 통화나 신문을 보면서 다른 승객들에 불편을 주지 않도록_{신문도 최소한으로 접어서 보는 등}

조심한다. 또한 많은 사람들이 책이나 신문을 열심히 읽고 있다.

한국의 경우는 전철문화가 아직까지 일본에는 미치지 못한다. 소수의 철없는 사람들이 다른 승객들은 안중에도 없는지 휴대폰 통화를 하면서 떠들어대고, 책을 보는 사람들은 극히 소수다. 일본에 비해 공공질서가 뒤떨어지고, 시간활용과 자기계발이 한참 뒤처져 있다. 예전에 비해 전철 안이 많이 조용해졌고, 노약자석에 앉지 않고 비워놓는 등 많이 발전하였으나, 지금의 일본처럼 되기에는 아직은 시간이 더 필요해보인다.

지금 중국은 대중교통 안에서 큰소리로 휴대폰 통화를 한다. 주위 사람은 안중에 없고, 마치 새로 산 자신의 휴대폰을 자랑하는 것 같다.

반복되는 얘기지만 소득수준과 의식수준은 밀접한 상관관계를 갖는다. 우리가 소득수준이 향상되기를 기다리기보다는, 고소득 사회에서 시행하고 있는 제도 중 합리적이라고 여겨지는 것을 도입하는 것도 방법이 될 수 있다.

한국의 경우를 보면, 어린이를 보호하는 차원에서 학교 앞 자동차 속도 제한이 선진국이 시행한 것과 같이 40km에서 30km로 변경됐다. 그런데 벌금제도는 선진국 체계로 고치지 않고 그대로다. 도로에서 규정 속도를 19km 초과하여 위반한 경우라면 과태료가 미국은 200달러 한화 23만 원 이상인데 우리는 4만 원 승용 기준이다.

이를 1인당GDP로 환산하면 미국은 4.3%이나 우리는 1.8%이다. 2008년, 핀란드의 백만장자인 야코 리촐라는 시속 40km의 구간을 약 70km로 달렸다가 50만 마르카 약 8,700만 원의 벌금을 냈다. 소득수준에 따라 벌금을 내는 '노블레스 오블리주 원칙' 때문이다.

우리의 과태료나 벌금은 고소득 국가에 비해 소득 금액 대비 매우 낮은 수준이며, 소득 금액과도 연동되어 있지 않다. 이제 우리도 선진국처럼 단순한 건별 징수가 아닌 소득 금액에 연동하여 부과하는 것이 능력별 부담이 되어 합리적일 것이다.

무엇보다 우리 사회는 음주운전을 살인과는 달리 그저 '단순 실수' 정도로 여긴다. 너무 관대하다. 처벌 역시 마찬가지다. 살인 사건 피해자나 음주운전 사망 사고 피해자나, 결국 무고하게 목숨을 희생당하기는 똑같은 데 말이다. 음주운전은 끔찍한 범죄이지만, 음주운전 사고를 단순히 교통사고로 보는 실정이다. 이처럼 음주운전을 가볍게 취급하는 사회 분위기 때문에 음주운전 사고는 끊이지 않는다.

하지만 주요 선진국들은 음주운전을 한국과는 다르게 엄하게 처벌하고 있다. 일본은 음주 뺑소니 사고로 3명을 숨지게 한 30대 남자에게 징역 22년의 중형을 선고했고, 미국 역시 2007년 음주 선력이 있는 상태에서 또다시 음주 사망 사고를 낸 피고인에게 징역 15년형을 내렸다. 똑같은 상황이라면 한국에서도 30년까지 선고할 수 있지만, 보통은 일반 교통사고로 분류되어 3년 형을 받는 것에 그친다.

'경쟁 전략' 분야의 세계 랭킹 1위인 마이클 포터 하버드 경영대학원 교수는 승자의 비법은 '비교우위'가 아니라 '경쟁우위' 경쟁력이라고 주장한다. 자원 등 눈에 보이는 것에 의해 결정되는 것이 비교우위이고, 두뇌 등 눈에 보이지 않는 것에 의해 결정되는 것이 경쟁우위인데, 이

경쟁우위를 결정하는 것이 바로 경쟁 전략이라는 것이다.

 선진국이 되는 것도 경제력만으로 가능한 것이 아니다. 경제력 외에도 사회적 자본이라고 불리는 여러 요소들이 균형을 이룰 때, 비로소 선진국이 될 수 있는 것이다.

 자본은 기계를 중시하는 초기의 물리적 자본에서 개인의 능력을 중시하는 인적 자본으로, 다시 사람과 사람과의 관계를 중요시하는 사회적 자본으로 중심이 옮겨가게 된다. <u>**사회적 자본이란 도덕심, 법질서, 신뢰도, 노사관계, 부정부패, 기업윤리 등 공동체가 상생을 하기 위해 필요한 요소들을 말한다. 한마디로 국가의 품격과 신뢰를 나타내는 지수다.**</u>

 우리나라의 경우, 경제력은 선진국 문턱에 와 있다지만 사회적 자본에서는 선진국 수준에 크게 미치지 못하는 것이 현실이다. 우리나라의 사회적 자본 수준은 선진국의 절반 수준에 머물고 있다. OECD 자료에 의하면 우리나라의 법질서 준수는 10점 만점에 선진국의 8점에 비해 3.3점, 부정부패는 선진국의 7.7점에 비해 2.9점 수준이다. 아마도 노사관계나 정치인의 의식수준을 지수화한다면 훨씬 더 부끄러운 수준이 아닐까?

 이런 빈약한 사회적 자본 때문에 세계적인 상품을 다수 보유하고 있으면서도 전체적인 국가 브랜드 이미지는 경제력에 크게 미치지 못하는 수준이 아닌가 하는 생각이다.

 사회적 자본이 잘 확충된 나라일수록 국민 간의 신뢰가 높고, 이를 보장하는 법제도가 잘 구축되어 있어, 거래비용이 적고 효율성이 높다. 따라서 생산성이 올라가고 국민소득이 높아지게 마련이다.

세계은행의 〈국부는 어디에서 오는가〉라는 보고서에 의하면 한 나라의 국부 창출은 '사회적 자본'이 핵심적인 역할을 하며, 사회적 자본의 국부 창출 기여도는 선진국 클럽인 OECD 국가의 경우 81%에 달하고, 중진국은 68%, 후진국은 50%에 불과하다고 분석했다.

반면 한국의 사회적 자본 기여도는 선진국의 3분의 1 수준에 불과한 것으로 조사됐다. 이 보고서는 왜 세계 경제 10위권인 한국이 선진국으로 대접받지 못하고 있는가를 통계치로 보여준다.

북유럽의 강소국 핀란드, 오세아니아의 대표 주자 호주, 아시아의 금융 허브 싱가포르 등 1인당 GDP 3만 달러 이상인 선진국이라는 점 외에 이들 나라는 한 가지 공통점이 있다. 즉 국가 경쟁력으로 그 중요성을 인정받고 있는 신뢰와 법질서, 노사관계, 기업윤리 등 사회가 공유하는 보이지 않는 사회적 자본이 축적된 우등 국가라는 점이다.

소득은 세상을 변화시키는 실체다. 소득수준의 변화는 세상을 변화시키는 도도한 물결이다. 소득의 변화는 그 사회의 환경, 인프라 등만이 아니라 사람들의 의식까지 모든 것을 변화시킨다. 그러므로 세상사가 궁금하면 세상에게 '어디쯤이냐'고 묻지 말고, 소득에게 '어디쯤 가고 있느냐'고 물어야 한다.

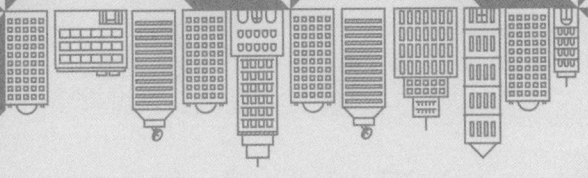

CHAPTER 03
소득과 민주주의

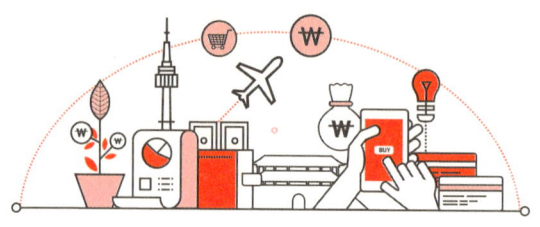

소득이 높아지면 의식도 함께 진화한다

"사흘 굶어 담 아니 넘을 놈 없다, 금강산도 식후경이다, 의식衣食이 족해야 예의를 안다."

당장 굶주려서 죽게 생기면 생존 본능이 발동하여 무슨 짓이든지 하게 되고, 아무리 좋은 금강산 유람도 배고프면 흥이 안 나며, 먹을 것이 해결되어야 체면과 예의를 지킨다는 속담이다.

소득수준은 우리 사회의 과거, 현재, 미래를 알려주는 바로미터다. 소득수준으로 삶과 의식의 변화를 알 수 있고, 과거와 현재의 사회 현상과 의식을 파악하고, 앞으로 다가올 미래의 변화까지 예상할 수 있다.

시간이 흐를수록 인플레이션 때문에 단계별 의식수준에 대응되는 소득수준이 상향되어야 하는 것 아니냐는 주장이 나올 수 있다. 예를 들어 1인당GDP 3천 달러에 발현되는 자아의식이 시간이 흘러서 인플레이션이 누적되면, 1인당GDP 4천 달러가 넘어야 발현되는 것 아니냐는 추론을 해볼 수 있다.

그러나 지금까지의 경험에 의하면 인플레이션은 '학습 효과'와 '곡선기술 효과'에 의해 상쇄되므로, 의식수준에 대응되는 소득수준의 상향은 무시해도 될 사안이다.

동시성 현상이라는 것이 있다.

일본 코시마 섬에 원숭이들이 집단으로 살고 있었다. 생물학자들이 원숭이의 지능을 실험하기 위해 바닷가 흙 속에다 원숭이들이 좋아하는 고구마를 묻어 놓았다. 흙 묻은 고구마를 어떻게 처리하는지를 보기 위함이었다. 다른 원숭이들이 흙 묻은 고구마를 두고 몹시 난감해하고 있을 때, 늙은 암컷 원숭이 한 마리가 고구마를 물에 씻어 먹자, 다른 원숭이들도 같은 행동을 따르기 시작했다. 그리하여 100번째 원숭이가 고구마를 씻어 먹자, 이 섬에서 떨어진 다른 섬의 원숭이들도 같은 행동을 따르더라는 이야기다.

이를 심리학적으로 설명하자면 한 종족의 의식은 육체적으로는 분리되어 있어도 이들의 무의식은 연결되어 있다는 것이다.

예를 들어 휴대폰 사용을 생각해보자. 나이 든 어른들은 휴대폰의 기능이 업그레이드가 될 때마다 곤혹스럽다. 하지만 요즘 아이들은 초등학교에 입학하지도 않은 어린 나이지만, 휴대폰을 자유자재로 사용한다.

또한 여자아이들의 사춘기가 자꾸 빨라지는 것처럼 문화와 문명에 노출되는 '학습 효과'로 인해, 자신보다 더 소득이 높은 사회나 국가의 높은 의식수준을 빨리 체득하는 효과가 있다.

일반적으로 새로운 과학 기술이 나타나게 되면, 이것은 종전의 패러다임으로는 측정이 안 될 만큼 획기적인 생산성 향상이 나타난다. 이러한 기술은 시간이 흐르면서 진보하여 거기에 드는 비용이 하락하는 '곡선 기술 효과'가 발생한다.

트랜지스터가 그 좋은 예다. 트랜지스터는 신세계를 열었으며, 기술이 점차 대중화되면서 가격이 수만 배 이하로 하락했다. 물론 모든 과학 기술이 전부 그렇게 큰 가격 하락을 겪지는 않겠지만, 가격이 하락하게 되는 것은 사실이다.

우리 사회는 물리적인 시간의 경과에 따라서만 변하는 것이 아니다. 의식수준을 비롯한 사회의 전반이 소득수준에 따라 변한다. 소득수준과 의식수준은 비례한다. 이 들은 일시적인 괴리가 발생할 수는 있어도 영원할 수는 없고, 곧 수렴한다.

그러므로 소득수준을 알면 의식수준과 사회의 제반 현상까지도 파악할 수 있다. '소득시간 사회적 시간'으로 소득수준과 의식수준을 포함한 사회 전반의 과거, 현재, 미래를 볼 수 있다.

소득과 의식은 상호 연관성을 가지고 있다. 의식 사회학자들은 1단계 공동체의식(우리) → 2단계 개체의식(나) → 3단계 인격체의식(너)으로 발달하여 3단계에서 최종 완성된다고 한다 은 소득의 증가와 감소에 따라 변화하며, 의식의 향상은 소득수준을 향

소득수준과 의식수준

(단위 : US달러)

소득에 의한 분류		안목 (眼目)	중심	이념	사회	특징
단계	소득	의식				
1단계	3천 미만	공동체	장님	우리	공유	연고주의	울타리 · 혈연 · 지연 · 학연, 동질성 · 폐쇄성 · 배타성
2단계	3천 이상	자아	외눈	나	사유	이기주의	개성, 자아 · 자유 · 자율 · 자립, 천민자본주의
3단계	1만 이상	사회	두 눈	너	평등	민주주의	파트너, 대화, 토론, 개방성 · 다양성 · 가능성
4단계	3만 이상	배려	세 눈	약자 (그들)	수혜	사회복지	기부, 약자 배려, 장애인 · 노인 · 어린이 · 동물
5단계	?	하나	통찰	모두	동행	공감	존중, 감응

상시킨다.

시간은 우리의 의지와 무관하게 흐른다. 시간이 흐른다고 우리의 의식도 시간에 비례하여 발전할까?

동물은 시간이 흐른다고 해서 의식까지 달라지는 것이 아니다. 동물의 의식은 태고 이래로 현재까지 생존 본능의 단계를 벗어나지 못했지만, 인간의 의식은 높은 단계로의 향상을 가져왔다.

그런데 의식은 인류 전체에 균질하게 발전하지 않았다. 의식이 시간의 경과에 따라 발전한다면 균등하게 향상 되었어야 하나, 그렇지 않은 것은 의식이 소득의 영향을 받아 변화하기 때문이다.

의식수준과 소득수준은 상호관계를 가지고 있으며 소득수준의 변화에 따라 의식수준도 변화한다. 사회학에서는 의식수준은 3단계에 걸쳐 발달하여 완성되는 것으로 보고 있다.

그러나 소득 관점에서 본 의식 발달은 사회학의 최종단계인 3단계 너를 아는를 넘어서 이미 4단계 이상 발전했고, 소득 증가에 따라 앞으로도 계속 발전할 것이다.

손자병법의 〈모공편謀攻篇〉에는 다음과 같은 내용이 실려 있다.

- 너적의 전력는 물론 나아군의 전력까지 모르고 싸운다면 싸울 때마다 반드시 패한다[不知彼不知己 每戰必敗].
- 너를 모른 채 나만 알고 싸운다면 승패의 확률은 반반이다[不知彼而知己 一勝一負].
- 너와 나를 알고 싸운다면 백 번을 싸워도 결코 위태롭지 않다 [知彼知己 百戰不殆].

위 예문에서는 전쟁을 할 때의 방책을 '나', '너'를 알고 있느냐에 따라 3단계로 구분하고 있다. 제일 하위 단계는 '나', '너'를 모두 모르는 수준, 그 다음으로 '나'만 아는 수준, 제일 상위수준으로 '너'도 아는 단계다.

하지만 손자는 승리를 위한 방법 중에서 전쟁이 가장 하책下策이며, 싸우지 않고도 이기는 방법을 상책上策이라고 했다. '나', '너'가 피를 흘리는 전쟁을 초월하여 더 좋은 승리 방법이 있음을 역설했던 것이다.

소득수준에 따른 의식수준의 발달 단계도 '누가 중심이 되느냐'에 따라 구분된다. '나', '너'를 인식하지 못하고 울타리 내의 '우리'만을 아는 1단계 공동체의식, '나'를 아는 2단계 자아의식, '너'를 아는 3단계 사회의식, '나', '너'를 넘어 약자 그들를 아는 4단계 배려의식로 발전한다. 아마도 미래의 5단계는 하나 통합의식으로 발전할 것이다.

승리의 방법에서도 '나', '너' 간의 전쟁을 초월한 더 좋은 방법이 있는 것처럼, 소득이 증가함에 따라 의식은 '나', '너'를 초월하여 더 고차적 단계로 발전해간다.

인류의 의식 중 가장 아래 단계인 울타리 내 '공동체의식'은 굶주림에 허덕이는 소득수준에서 벗어나는 3천 달러까지 지속된다. 수만 년 동안 인간의 의식은 공동체 울타리를 넘지 못했다. 태초 이래로 거주지는 동굴에서 벗어나 집에서 살게 되었지만, 의식은 가족이라는 울타리를 벗어나지 못했다.

사람의 안목에 비유하면 '장님'으로서 울타리 안에서 가까이 만져지는 사람 우리만 느끼고 생각한다. '우리'라는 연고주의로 혈연, 지연, 학연의 폐해가 심하다. 우리끼리 동질성을 중요시하고 폐쇄적이며, 우리 이외에 대해서는 배타적이다.

먹고 살기 급급해 여유 재산이 없어 누구 것인지 따질 필요가 없으니, 당연히 재산은 모두의 '공유'다. '우리'라는 개념이므로 사私 개념이 없으며 당연히 공公 개념도 없다. 그래서 공사公私 구별이 안 된다.

공산주의든 자본주의든 경제 체제와 무관하게 절대 독재 정권이 무소불위의 권력을 행사한다. 국민들은 먹고살기에 바빠 민주주의에 관심이 없다. 부패가 극에 달해 돈뇌물을 주지 않으면 되는 것이 없고, 돈만 주면 안 되는 것이 없다. 되는 것도 안 되는 것도 없는 사회다.

경제가 발전하고 소득이 증가하여 3천 달러에 도달하면 자아의식이 싹트게 된다. 장님이 눈을 뜨게 됐으나, 나의 앞만 보는 '외눈박이'다. 먹고사는 것이 해결되어 우리 것을 넘어 '내 것'을 주장하는 사유재산의 개념이 생겨나 자본주의적 소유 개념이 형성된다.

2단계 자아의식의 핵심은 '나'다. '나'에서 발원한 '자아', '자유' 등을 주장한다. 그리고 개성이 중시되면서 개성과 개성의 차이가 인정된다. 동질적인 것이 우선이었던 1단계에서는 '차이'는 곧 '틀림'이었다.

이기주의와 천민자본주의가 극성을 부리며 돈이 최고의 가치를 지닌다. 1단계 후반부터 지속된 불량식품, 유해식품으로 인한 폐해가 돈벌이에 혈안이 되어 여전히 지속된다. 돈맛을 안 기업주들의 회사 공금횡령, 주가조작, 공모 남발에 의한 주식 물량 증가 등으로 높은 경제 성장률에 비해 주식시장은 전체에 빠지거나 주춤거린다. 소금은 나아졌으나 부패도 여전하다.

자아의식의 발현으로 나를 억압하는 독재와 수탈에 항거하며, 민주화 요구와 소요, 근로자의 권익 요구와 파업이 봇물을 이룬다.

1인당GDP가 개발도상국을 벗어나 중진국수준인 1만 달러가 되면 사회의식이 싹튼다. 비유적으로, 나만을 보는 외눈박이에서 '너'까지 보는 '두 눈'이 된다.

**3단계 사회의식의 핵심은 '너'다. '나와 너'라는 관계 안에서 '나'의 파

<u>트너로서 '너'로 인정하고, 우열이 없는 평등한 관계로 인식한다.</u> '나', '너'의 차이를 조정해가는 대화와 토론문화는 진정한 민주주의를 꽃피울 수 있는 토양이 된다. 개방성, 다양성, 가능성 등이 '나와 너'가 함께하는 새로운 사회의 모습이다.

'너'에게 불편을 주지 않도록 공공의식이 높아지며, 공정한 경쟁은 불필요한 사회비용을 줄여 효율적인 사회를 만든다. 개발도상국 시절에 비해 경제 성장 속도가 떨어진다. 3단계 초기에 부패와 무질서는 사회의식의 미숙 사회비용을 증가시키고, 대외 경쟁력을 약화시켜, 한국의 IMF처럼 국가 경제가 위기를 겪거나 침체에 빠지기도 한다.

1인당GDP 3만 달러에 도달하면 배려의식이 지배하는 사회가 된다. 비로소 나와 너를 넘어서 '약자그들'를 보게 된다.

<u>4단계 배려의식의 핵심은 '약자'다. 약자가 사회 공동체의 일원으로서 함께할 수 있도록 약자를 보살핀다.</u> 이를 위해 사회 복지정책이 시행되고 기부문화가 보편화된다. 장애인, 어린이, 노인, 부녀자뿐만 아니라 동물과 자연까지도 배려한다.

그리고 전에는 비정상으로 간주하여 무시하던 동성애자 등 소수들의 주장을 경청하고 용인한다.

아마도 미래에 5단계배려의식 다음으로는 하나통합의식으로 발전할 것이다. 통찰적 시각으로 모두가 함께한다는 의식이 지배하는 세상이 아닐까?

※ ※ ※

왜 경제 성장과 민주주의는 직접적으로 상관관계가 있을까?

그 이유는 경제 성장은 신뢰와 법치제도의 확립, 배타적인 문화제도를 극복해야 가능하기 때문이다. 반복적인 교역은 분업과 전문화를 가능하게 한다. 분업과 전문화는 개인의 이익을 극대화시키고, 자연스럽게 소득 향상으로 이어진다. 소득 향상은 자신의 생산물을 넘어선 문화를 누리게 한다. 이런 선순환 속에서 자생적으로 신뢰가 쌓이게 된다.

그렇게 쌓인 신뢰도 법치제도가 확립되지 않으면, 폭력을 앞세운 계급적 수탈을 당할 수밖에 없다. 법치제도가 확립되어 재산권이 확립되면, 자연스럽게 사농공상이라는 배타적 문화 장벽이 파괴된다. 그때야 비로소 시장경제라는 거대한 톱니바퀴가 작동하게 되는 것이다.

1인당GDP 3천 달러 수준이 되면 그동안 먹고살기와 돈벌이에 급급했던 민중들의 자아의식이 꿈틀거리기 시작한다. 이러한 자아의식은 정치적인 측면에서 민주화의 요구로 분출된다.

1인당GDP 3천 달러는 국민들이 '우리'라는 '울타리 공동체의식'에서 벗어나 '나'라는 자아에 눈뜨는 시기다. 그동안 먹고 살기에 바빴던 사람들이 이제는 나의 것, 나의 권리를 주장한다. 지금까지 힘을 가진 자의 억압, 수탈, 무시에도 묵묵히 순종하던 사람들이 이에 항거한다.

자아의식은 권력의 독재와 전횡에 반항하며 민주화를 요구하는 격렬한 시위로 표출된다. 또한 산업 현장에서도 근로자의 권리 주장으로 노조활동과 파업이 봇물을 이루고 인건비는 가파르게 상승한다.

파리드 자카리아는 《자유의 미래》에서 다음과 같이 주장했다.

"신생 민주주의 국가들의 정치적 성공에 대한 가장 간략한 해답은 경제적 성공이다_{보다 구체적으로는 높은 1인당GDP}. 따라서 1인당GDP 3천 달러에서 6천 달러의 소득수준에서 민주주의 전환을 시도한다면 성공하리라는 결론이 나온다. 하나의 변수_{1인당GDP}로 많은 것이 설명될 수 있다. 한국의 민주화 역사를 보면 1960, 1970, 1980년대에 모두 실패했다. 그런데 왜 1990년대에는 성공했을까? 지도자의 의지가 무엇이든지 간에 중국은 민주주의 아니면 혼란으로 귀결될 항해를 시작했다."

자카리아는 민주주의 성공에는 1인당GDP 3천 달러 이상의 소득수준이 중요한 요소라고 주장한다. 필자의 생각으로는 한국의 민주주의는 1990년이 아닌 1987년_{1인당GDP 3천 달러 진입}의 6.29선언을 기점으로 성공했다고 봐야 한다. 그리고 중국은 2008년_{1인당GDP 3천 달러대 진입}에 '민주주의냐 아니면 혼란이냐'의 항해를 시작했다고 할 수 있다.

소득수준이 민주주의 성공과 어떤 관련성이 있는지 한국의 경우를 보자.

1960년_{당시 1인당GDP 100달러 미만}의 이승만 독재 정권을 몰아낸 4.19의거, 1961년 5월 16일 박정희의 쿠데타, 1970년대_{1977년 1인당GDP 1,000달러 돌파} 수많은 민주 인사와 대학생들의 민주화 투쟁, 1979년 10.26사태_{박정희 피격 사망}, 1980년 5.18 광주민주항쟁 등 열거할 수 없을 만큼 민주화를 위한 투쟁은 계속됐다. 이와 같이 수많은 학생들과 민주 인사들이 민주화를 위해서 피를 흘렸고, 고비마다 민주화를 기대했건만 민주화는 요원하고 독재는 또 다른 독재 정권으로 교체됐다.

1980년 1인당GDP 1,645달러 5월, 전두환은 군부대를 동원하여 민주화를 요구하는 수백 명의 학생들과 시민들을 살육했건만, 부끄럽게도 한국 국민들은 침묵하고 말았다. 오죽했으면 일부 외국 기자들은 "한국에서 민주주의를 기대하기보다는 쓰레기통에서 장미꽃이 피기를 바라는 게 낫다." "한국 국민들의 성향은 들쥐 근성이다."라고 말했을까?

이와 같은 이야기는 그 당시 한국의 소득수준을 감안한다면, 어쩌면 당연한 결과인지 모른다. 소득수준이 낮아 한국 국민의 의식수준이 민주화를 요구할 역량에 도달하지 못하고 있었기 때문이다.

그러나 무자비한 전두환 독재 정권 아래서 까마득하기만 하던 민주화는 1987년 1인당GDP 3천 달러 진입 6월 민주항쟁으로 쟁취됐다. 마침내 '대통령 선거인단이 대통령을 뽑는 간접선거를 골자로 한 기존 헌법'에서 대통령 직선제로 개헌이 이루어진 것이다.

그러므로 **민주주의 성공의 가장 중요한 성공 변수는 1인당GDP라고 할 수 있다.** 이에 대해 혹자들은 '1인당GDP'보다 더 중요한 변수는 "민주주의의 투쟁에서 지도력이며, 이것이 과소평가되어서는 안 된다."라고 주장한다.

물론 이러한 민주주의 성공은 자유화를 요구하고 압력을 행사했던 지도자들과 민주화 운동 없이는 있을 수 없다. 지도자들의 헌신적인 노력과 명예로운 성공은 높이 평가되어져야 한다. 하지만 그동안의 민주화 운동이 실패하다가 왜 1987년에서야 성공했을까?

1987년 한국의 1인당GDP는 3천 달러대에 도달했다. 그리고 드디어 민주주의를 쟁취했다. 이와 같이 민주주의 성공에 중요한 변수는 자아의식이 발현되는 1인당GDP 3천 달러 수준이라는 것이다.

미얀마에서는 수천 명의 인명이 희생되었던 1988년 8월의 민주화 운동에 이어서, 2007년 8월과 9월 승려들이 주축이 된 대규모 반정부 시위가 전국적으로 일어났다. 민주화를 향한 미얀마의 열망은 또 한 번 뜨겁게 타올랐지만 결국 실패로 돌아갔다.

파키스탄에서는 2007년 12월 부토 전 총리가 피살되고 거센 민주화 요구 시위가 있었으나, 결국 실패로 돌아갔다.

중국에서는 1976년과 1989년 천안문 사태가 발생했다. 1976년 사태는 마오쩌둥 체제 말기의 민중 반란이었고, 1989년 사태는 1989년 4월에 후야오방 전 당 총서기의 사망을 계기로 베이징 대학을 중심으로 정치 개혁에 대한 요구들이 확산되고, 마침내 후야오방의 장례식을 계기로 전국 대학의 민주화 운동으로 확대됐다.

하지만 당내 보수파 덩샤오핑는 개혁파 당 총서기인 자오쯔양을 축출하고, 곧바로 베이징 일원에 계엄령을 선포한 후, 천안문광장에 탱크까지 동원하여 시위 군중을 무력 진압한다. 이 과정에서 수많은 사상자가 발생했고, 이를 인권 탄압으로 규정한 미국 등 서방과의 관계가 악화된다.

이처럼 미얀마, 파키스탄, 중국의 민주화 운동은 아웅산 수지, 부토, 자오쯔양 같은 위대한 지도자가 있었건만 실패로 끝났다. 각 국가별로 민주화 운동이 실패한 당시의 1인당GDP는 미얀마 2007년 300달러 미만, 파키스탄 2007년 1,000달러 미만, 중국 1989년 400달러 미만이었다. 이러한 소득수준에서 민주화는 아득히 멀다.

중국은 민주화 운동이 성공하기에는 1인당GDP가 너무 낮았고, 이에 따라 의식수준도 낮았다. 400달러 미만은 의식주도 해결하기 힘든 경제수준이다. 일부 고소득층이나 식자층을 제외하고는, 이러한 소득수준 400달러에 상응한 국민들 전체적 의식수준에서 볼 때, 위험을 무릅쓴 민주화 요구는 사치일 것이다. 그러나 중국도 2017년 8천 달러대에 진입했으므로 민주화 요구는 봇물을 이룰 것이고, 민주화냐 아니면 혼란이냐의 항해를 시작할 것이다.

이제 우리나라에서 '도심 속 시위'는 낯선 풍경이 아니다. 대한민국의 시민들은 헌법 1조 2항 '대한민국의 주권은 국민에게 있고 모든 권력은 국민에게 나온다'를 충실히 이행해왔다. 주권자가 자신의 권리를 증명할 때, 우리의 민주주의는 발전해왔다. 419혁명, 518광주민화 운동, 6월 민주항쟁, 2016년 촛불집회로 이룩한 대통령 탄핵까지. 그야말로 대한민국 광장의 역사는 민주주의 발전의 역사이기도 하다.

중국도 천안문광장에서 이루어진 천안문 사태를 시작으로 민주주의에 대한 열망이 다시 광장으로 모일 것이다.

다음으로 어느 사회의 주류 사회가 아닌 비주류 소수 집단의 예를 살펴보자.

미국의 경우를 보자.

버스와 같은 공공 운송수단과 식당, 화장실 같은 공공장소에서 백인의 출입사용 구역에 흑인은 출입하지 못하는 이른바 흑백 분리정책White Only와 Colored이나, 미국 남부의 흑인 투표권 박탈 같은 인종 차별정책의 폐지를 요구하는 흑인인권 운동이 1960년대 활발히 일어났다. 이러한 과정 중 1963년에 마틴 루터 킹 목사의 연설 〈나에겐 꿈이 있습니다 have a dream〉를 떠올리게 하는 '워싱턴 행진'이 일어나 흑인인권 운동은 최고조에 달한다.

1963년 당시, 미국 백인들의 평균 1인당GDP는 6천 5백 달러임에 비하여 흑인들의 평균 1인당GDP는 3천 5백 달러였다. 중국은 한족을 제외한 50여 소수 민족이 전체 인구의 8%를 차지한다. 중국의 소수 민족의 1인당GDP 3천 달러 수준에서, 소수 민족의 차별폐지 운동이나 좀 더 높은 차원의 정치적 요구를 하는 운동이 일어날 것이다.

비주류인 소수 민족의 경제수준이 주류인 한족의 경제수준보다 낮아서 시차를 두고 조금 더 늦게 3천 달러에 도달한다면, 이러한 소수 민족의 요구 역시 시차를 두고 조금 더 늦게 일어날 것이다.

사람은 앉으면 눕고 싶고, 누우면 자고 싶은 것이 인간의 본성이다. 그리고 수천만, 수억 명의 인간 군상의 집합체인 국가까지도 이기적이다. 리처드 도슨의 《이기전 유전자》에서는 이렇게 말하고 있다.

"모든 유전자는 자신이 몸담고 있는 생물체를 희생시켜서라도 자신의 자손을 남기려는 이기적인 성질을 가지고 있다."

또한 국가와 국가 간에는 힘국력이 곧 법이며, 강대국들은 자국의 이익을 위해서라면 전쟁도 불사한다. 이처럼 인간은 자신의 이익을 위해서 행동하는 이기적인 성향을 가지고 있다.

그래서 우리 사회에는 도덕성을 이탈한 사람의 이기적 행동으로 인한 타인과 사회의 피해를 막고, 예측 가능한 사회를 구현하도록 법을 정하고 있는 것이 아닌가?

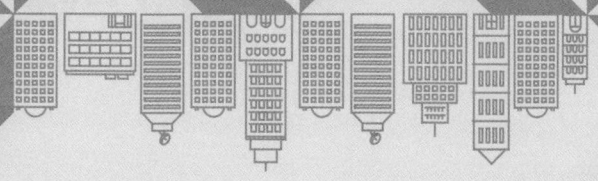

CHAPTER 04

닫힌 사회와 부패

닫혀 있고 부패하면,
절대 고소득 사회가 될 수 없다

모든 사회와 조직 개인부터 국가까지 은 개방하고 포용하면 다양성이 높아진다. 다양성이 높아지면 소득수준까지 함께 상승한다. 소득수준이 향상되면 체면이나 명분보다는 실리와 실질을 추구하게 된다. 그러면 당연히 예측 가능성이 높아진다. 반대로 폐쇄와 불관용으로 다양성이 떨어지면 소득수준이 낮아지고, 이러한 저소득 사회는 체면이나 명분이 지배한다. 당연히 예측이 불가능한 사회가 된다.

우리가 의식주를 해결하고 풍요로운 생활을 하기 위한 부를 축적하기 위해서는 소득이 필요하다. 소득은 영어로는 Income으로서 '무엇인가가 안으로In 들어오는Come 것'을 의미한다. 그러므로 개인으로부터 국가까지 더 많은 소득을 얻어 부유해지기 위해서는 소득 창출에 필요한 어떤 것들이 지속적으로 안으로 들어올 수 있도록 해야 한다.

그렇게 하려면 길을 닦고, 문을 활짝 열고, 외부의 사람과 문화를 받아들여야 한다. 반대로 문을 닫아 잠그고 폐쇄적이 되면 아무것도 안으로 들어올 수 없다. 필연적으로 정체되고, 결국은 쇠락하여 정복당한다.

"역사상 존재했던 세계 초강대국들은 서로 상당한 차이점을 가지고 있기는 했지만, 해당 시대의 기준으로 보면 절대적인 우위에 오르기까지는 하나같이 대단히 다원적이고 관용적인 나라들이었다. 모든 초강대국들에게 관용은 패권을 장악하는 데, 없어서는 안 될 필수 불가결한 요소였다. 제국의 쇠퇴는 불관용과 외국인 혐오 그리고 인종적, 종교적, 민족적 순수성에 대한 촉구와 함께 시작됐다. 여기서 놓치지 말아야 할 핵심은 흥망성쇠의 씨앗은 '관용'이었다는 점이다."

예일 대학 교수 에이미 추아의 저서 《제국의 미래》에 나오는 이야기다. 관용을 베풀어 다양한 신분, 인종, 문화를 수용하여 제국이 되었고, 불관용과 외국인 혐오 등으로 제국은 쇠퇴했다는 것이다.

제국이 아니더라도 19세기의 한국, 중국, 일본 이 세 나라의 관계도 개방과 관용 여부가 소득의 차이를 가져왔다. 이 차이는 종국적으로 그들이 피정복자와 정복자가 되는 결과를 낳았다.

당시 조선에게는 1832년과 1845년 영국, 1846년 프랑스, 1864년 이후 러시아의 통상 요구가 잇따랐다. 하지만 당시의 집권자인 흥선대원군은 서양과의 교역을 엄금하고 문을 닫는 쇄국정책을 고집하였으며, 가톨릭

교를 탄압했다. 외적의 침입을 막기 위해서 성을 쌓았던 중국은 세상이 급변하고 있건만 외부와의 관계를 단절한 채, 중화주의에 젖어 있는 우물 안의 개구리였다.

반면에 일본은 1853년 개항 이래 미국, 영국, 러시아, 네덜란드, 프랑스와 통상조약을 체결하여 서양의 문물을 받아들였다. 그리고 메이지유신으로 구미 열강들을 따라 잡기 위해 개혁을 모색했다. 외부와 단절한 중국과 한국은 외국에 문호를 개방하고 개혁까지 단행하여 소득을 증대시킨 일본에게 무기력하게 침탈당했다.

하지만 이러한 일본도 제2차 세계대전에서 미국에 져 패전국이 됐다. 20세기에 들어서면서 일체성을 강조하는 등 획일적이고 경직된 문화를 추구하던 일본은 미국에게 패배했다. 당시 미국은 핍박받던 유대인 등 세계의 인종들이 몰려들었고, 다양하고 유연한 창의적 문화로 더 높은 소득을 창출하고 있었다.

근현대 전쟁사에서 알 수 있듯이 국가 간의 흥망을 건 전면전은 경제력 게임이어서 더 많은 소득을 가진 나라가 이겼다. 일본은 개방으로 한국과 중국보다는 더 잘살아서 이들을 지배하였으나, 미국보다 못 살았기에 패배한 것이다.

기업이나 조직에서도 마찬가지다. 이영직의 저서 《거의 모든 세상의 법칙》에 나오는 이야기다.

"순혈 조직이나 폐쇄된 조직은 효율성만 추구할 뿐 새로운 아이디어가 나오지 않는다. 아이디어나 창의력은 다양한 사람, 다양한 생각이 서로

부대끼면서 나온다. 생각이 다른 사람, 경험이 다른 사람, 전공이 다른 사람들이 만나야 시너지 효과가 생긴다. 다양한 의견이 반영되는 민주주의 사회가 강한 것도 그런 이유다."

《강대국의 흥망》을 쓴 폴 케네디 교수에 의하면 16세기 무렵, 세계에서 가장 강한 세력은 중국의 명나라였다. 그다음이 오스만 제국, 무굴제국, 러시아, 일본의 도쿠가와 막부였다. 강대국 서열로 보면 유럽 국가들이 마지막 순위였다.

왜 중국이 몰락하고 유럽 세력들이 근대를 지배했는가?

이에 대해 케네디 교수는 강대국으로 도약하기 위해서는 개방적인 문화가 반드시 필요하다고 지적하고 있다. 중국이 폐쇄정책을 쓴 반면, 유럽은 개방정책을 썼기 때문이라고 지적한다.

예를 들면 중국은 서양보다 먼저 인쇄술을 발명했지만 그것을 왕실의 기록을 위한 수단으로 사용했을 뿐, 국민들의 지식보급의 수단으로 활용하지 못했다는 지적이다. 이에 비해 유럽에서는 구텐베르크 인쇄술을 지식과 정보의 보급 수단으로 활용했다는 것이다.

중국이 대외 교류에서도 폐쇄적이기는 마찬가지였다. 명나라는 넓은 땅과 강력한 중앙집권적인 통치로 많은 부를 축적했다. 그러나 그것은 모두 중앙정부로 귀속됐다. 중국의 동남권 지역은 넓은 바다를 끼고 있었지만 중국의 중앙정부는 지방 세력들이 독자적인 세력을 형성하는 것이 두려워 상업과 대외무역을 금지했다. 이에 비해 유럽 각국들은 도시국가 혹은 제후국가 체제를 유지하고 있었기에, 자유롭게 상업과 무역활동을 활발하게 할 수가 있었다. 이것이 유럽을 세계의 강자로 떠오르게 한 요인이었다.

폐쇄된 조직은 변화에 적응하지도 못할 뿐 아니라, 그들이 만든 '그 밥에 그 나물'인 제품과 서비스로는 고객의 욕구를 충족시키지 못한다. 또한 다양성으로 무장한 개방 조직이 만든 새로운 아이디어의 제품과 서비스를 이길 수도 없다.

그러므로 조직의 리더는 다른 의견을 제시하기보다는 아부와 충성으로 무장하여 '예스'만 내뱉는 예스맨을 멀리하고, 조직원 상하좌우 간의 소통을 원활하게 하여 다양한 의견이 반영되도록 해야 한다. 그렇지 않으면 폐쇄 조직은 수익소득이 감소할 수밖에 없고, 끝내 경쟁에 뒤처져 사라진다.

개인의 경우도 마찬가지다. 조직 내에서 마지못해 끌려가거나, 상사나 회사 조직에 부정적인 시각으로 마음의 문을 닫고 다른 사람의 사고와 노하우를 받아들이지 못하는 사람은 뒤처져 되출닝 안나. 반면에 발난 사원일지라도 자신이 다니는 회사를 내 회사처럼 여기고 적극적으로 다른 사람과 소통하는 사람은 좋은 성과를 내어 승승장구하며 많은 소득을 얻게 된다.

왜 개인으로부터 대제국까지 개방과 관용으로 외부를 받아들이면 흥하고, 폐쇄적으로 문을 닫고 외부와 단절하면 쇠퇴할까?

자신들만의 인종과 문화만을 고집하는 자가 쇠퇴하게 되는 것은 기형아나 정신박약아 등 열성 유전자가 득세하게 되는 근친혼의 폐해에서 보듯이 생태계의 '동종

교배 퇴화의 법칙'과 같은 이치다. 이에 반해 문을 열고 다양한 인종과 사고와 문물을 받아들이는 자가 흥하게 되는 것은 하이브리드가 강하다는 '잡종 강세'와 같다. 고소득 국가의 대학에서 다양한 인종을 입학시키는 입학사정제도, 다양한 학문을 접하도록 하는 복수전공도 잡종 강세의 효과를 얻으려는 것이다.

문을 열고 외부의 다른 인종, 기술, 문물을 받아들인 개체는 소득이 증가하여 부자가 된다. 하지만 문을 닫은 개체는 소득이 정체되거나 쇠퇴하여 빈자가 된다. 그 결과 문을 닫은 자는 약자가 되어, 문을 열어 부자가 된 강자에게 지배를 당하게 되는 것이다.

이는 개인으로부터 기업 그리고 거대 조직인 국가에 이르기까지 똑같은 결과를 가져온다.

19세기 중국의 경우처럼, 어떤 이유나 상황에서든지 자신의 안위나 부를 지키려고 성을 쌓아 외부로부터 단절되면, 그 사람이나 조직은 가난해지게 된다. 반면에 "모든 길은 로마로 통한다."라는 말처럼 활짝 길을 열고 다른 신분, 인종, 문물을 받아들인 로마제국처럼 길을 열어 외부와 소통하면 부유해지게 된다.

2001년 9.11테러 이후, 유색인종이나 타국인이 자국에 입국 시 공항에서부터 차별적인 조사를 하는 등 미국은 이방인에 대한 불관용을 보이고 있다. 특히 2017년에 미국 대통령에 당선된 트럼프 대통령은 멕시코와 미국의 국경에 장벽을 설치하고, 이슬람권 6개국 국적자의 입국을 90일간 금지시키고, 온실가스 배출량을 줄이는 국제 협약인 '파리 기후변화협정'

| CHAPTER 04_ 닫힌 사회와 부패 | **67**

을 탈퇴하는 등 갈등을 고조시키고 있다. 미국이 향후 계속 이러한 입장을 견지한다면 멀지 않아 제국의 위치를 내놓게 될 것이다.

*＊＊

닫혀 있는 사회일수록 소득이 적듯이, 소득이 낮은 국가와 사회일수록 부패 정도는 높다. 소득수준과 부패 정도는 반비례하는 역의 상관관계를 보인다. 부패는 사회에 공정한 경쟁을 해치고 비효율을 야기한다.

싱가포르가 아시아의 선진국으로 떠오른 핵심 요인은 무엇이었을까?

싱가포르는 60년대 중반 말레이시아 연방으로부터 독립했다. 말이 독립이지 퇴출이었다. 독립 당시 싱가포르의 국민소득은 아시아 최하위권, 마실 물조차 없어서 말레이시아로부터 대형 송수관으로 식수를 공급받아야 하는 나라가 싱가포르다.

초대 수상이 된 리콴유는 큰 줄기의 3가지 국가 개조 전략의 밑그림을 그렸다. 부정부패 없는 깨끗한 공직사회, 파업 없는 근로자, 세계적인 수준의 엘리트 그룹 양성이었다. 그중 가장 먼저 척결해야 할 과제로 부정부패를 뽑았다. 리콴유는 우선 공무원 사회의 부정부패 척결을 위해 공무원 사회와 빅딜을 맺었다. 공무원의 급여를 2배로 올려주는 대신, 단 1원의 부정한 돈도 가혹하게 처벌한다는 내용이었다.

2015년, 그리스가 채무불이행 선언하면서 전 세계가 충격에 빠졌다. 급

기야 그리스의 유로존 탈퇴를 의미하는 그렉시트라는 말도 나오기 시작했다. 유럽하면 떠오르는 나라, 지중해 연안의 아름다운 도시들이 생각나는 국가가 바로 그리스다. 그런 그리스가 이렇게 어려워진 이유가 무엇일까?

그리스 사람들은 게을러서 망했다고 하지만 그리스의 연평균 근로시간은 OECD 국가 중에서 한국 다음으로 3위를 기록하고 있다. 과잉 복지 때문이라고?

복지병 때문에 망했다고 하지만 대부분의 유럽 국가는 GDP 대비 30% 이상을 복지에 사용할 때, 그리스는 20%에 불과했다.

그리스가 망한 진짜 이유를 들라치면 유럽에서의 가장 큰 빈부 격차, 정경유착, 지하경제, 탈세, 부패를 들 수 있다. 그중에 가장 큰 이유는 부패다. 사회 지도층은 물론 기업과 공무원이 부패했기 때문에, 열심히 일하는 국민이 있는 데도 못사는 나라로 전락한 것이다.

실제로 그리스 부패 규모는 엄청나다. 브루킹스 연구소 보고에 따르면 부패로 그리스가 입는 손실은 무려 1인당GDP의 8% 규모다. 이 같은 엄청난 부패가 사회 지도층부터 일반 국민에까지 스며들어 있어 '작은 돈 봉투'를 뇌물로 건네며 부당한 이득에 무임승차하려는 관행이 만연해 있다. 그리스어로 '작은 봉투'를 뜻하는 'fakelaki'가 공무원에게 건네는 뇌물을 의미할 정도다. 그리스는 가구당 한국 돈으로 150~200만 원 정도가 뇌물로 사용되고 있다니 기가 찰 노릇이다.

부패의 근원은 정도의 차이는 있지만 규제와 관계문화가 주된 요인이다. 소득수준이 낮을수록 규제가 많고 관계문화는 정도가 심하다. 그래서 규제를 비공식적인 관계문화로 돌파하려 하는 것이다.

저소득 사회는 '우리'라는 공동체의식이 지배하는 사회다. '나의 존재자아의식'나 '너를 인정사회의식'하는 의식이 아니라, '우리'라는 '한울타리 안 공동체의식'이 지배한다. 내가 아는 사람은 나를 포함해 모두 '우리'이고, 모르는 사람은 우리가 아닌 '이방인'으로서 배타적이다. 그래서 우리끼리라는 관계문화를 형성한다.

중국은 관시關係문화의 사회라고 한다. 이 관계문화는 중국만이 아니라 한국도 못살던 시절에 그랬다. 그 변화는 호칭에서도 알 수 있다.

현재 한국의 50~60대는 30~40년 전에 친구철수의 어머니성함 : 순희를 그냥 '어머니'라고 불렀으며, 친구의 어머니가 없는 데서 호칭할 때는 '철수 어머니'라고 지칭했다. 요즈음 신세대1990년 이후 출생는 철수 어머니순희가 앞에 계시든 안 계시든, 그 어머니의 성함순희에 아줌마를 붙여 '순희 아줌마'라는 호칭으로 부른다.

30~40년 전에 어린 시절을 보낸 지금의 기성세대에게는 친구의 어머니도 '우리 어머니'였다. 그래서 내 어머니와 친구 어머니 두 분 모두 '어머니우리'다. 반면에 신세대는 친구철수의 엄마는 나의 엄마가 아니며, 철수의 엄마고 더 정확한 것은 순희라는 이름을 가진 중년의 아줌마라는 것이다.

신세대에게는 우리라는 '울타리 공동체의식'의 흔적이 없다. 이 세대는 1인당GDP 3천 달러1987년 1인당GDP 3천 달러대 진입에 도달해 최소한 '나'라는 자아의식이 충만한 세상에 태어나서, 청소년기를 '너'라는 사회의식1인당

<u>GDP 1만 달러 사회</u>이 지배하는 사회 속에서 보냈다. 한국의 미래인 어린 세대가 사회의 주역이 되는 세상은 부패로부터 더 자유로울 것이며, 소득의 증가에 따른 의식 변화와 함께 상승 작용을 일으킬 것이다.

또 다른 호칭으로서 이름이나 공식적인 직함보다는 비공식적인 호칭을 사용하는 경우다. 이름, 직책, 직급이 있는 데도 서로 일면식만 하면 아무나 '형님'이고 '동생'이다. 사기꾼들은 사기를 치기 위해 권력의 실세와 함께 찍은 사진을 사무실에 걸어 놓고 관계를 과시한다.

<u>비공식적인 호칭은 울타리 공동체의식에 뿌리를 둔 '관계문화'의 소산이다.</u> 공식적인 파트너가 아닌 비공식적인 형이나 동생으로 다가가 관계를 형성해, 자신만의 특혜를 얻기 위해서다. 관계를 형성하고 공고히 하기 위해 금전과 향응을 제공한다. 뇌물을 주고받는 것은 이들에게 부패가 아니라, 형과 동생 사이에 서로 돕고 사는 것으로 치부되며 눈곱만큼의 죄의식도 없다.

현재 한국의 경우에는 비공식적인 호칭에서 많이 탈피했고, 관계문화도 약해졌다. 그 결과 아직 고소득 선진국에는 미치지 못하지만, 그래도 부패 정도가 많이 줄어들었다.

중국과 한국은 소득수준에 따라 20여 년의 시차를 두고 사회 모습에서 아주 흡사하다. <u>한국 1987년 1인당GDP 3천 달러 진입, 중국 2008년 3천 달러 진입</u>. 현재 중국에서는 관시가 없으면 아무것도 할 수 없으며, 돈을 주면 만사 OK다. 관계문화의 일면인 호칭문화 또한 그렇다. 중국의 '따꺼大兄문화'는 우리의 '형님문화'다. 중국도 부패와의 전쟁을 벌이고 있다. 그러나 절대 하루아침에 없어질 수 없으며, 소득이 증가하면서 점차 약해질 것이다. 중국의 유교는 사회의식과는 무관하다고 한다. 앞으로 10~20년 내에 중국의 사회의식이 어떻게 구축되려는지 자못 궁금하다.

규제도 부패의 한 원인이 된다. 정치나 관료 조직은 자신의 힘을 강화하기 위해서 규제를 양산하는 경향이 있다. 꼭 필요한 것은 공식적으로 법규화하고 불필요한 것은 과감히 폐지해야 한다. '없어도 되는 규제'는 관료가 괜히 딴지걸고 시간을 끄는 데 아주 유용하다.

'없어도 되는 규제'는 꼭 '필요한 규제'마저 무용지물로 생각하게 만든다. 그 결과 되는 것도 없고 안 되는 것도 없다. 만사가 돈(뇌물)이면 된다는 의식이 국민들 사이에 팽배하여, 나라는 부패공화국이 된다. 그러나 부패처럼 규제도 하루아침에 모두 없어지는 것은 아니다. 소득 증가와 이에 따른 국민의 의식수준 향상에 따라 점진적으로 없어진다.

1인당GDP 3천 달러 미만 시절의 규제, 권력남용, 부패가 야기한 사회상을 살펴보자.

한국의 1970년대 중반~80년대 중반의 사건과 사고다.

한국 1인당GDP 1977년 1,034달러, 1986년 2,643달러
- 유해식품 : 고춧가루에 톱밥, 농약으로 기른 콩나물
- 규제 : 장발 단속, 통행금지, 미니스커트 단속
- 권력 남용 : 부천 성고문 사건, 여타 고문치사 사건, 문화·예술·기사 검열, 신군부 쿠데타 세력의 언론통폐합

다음은 중국과 아프가니스탄의 2000년대 사건과 사고다.

중국 2006년 2,021달러, 아프간 2002년 175달러
중국
- 유해식품 : 가짜 분유_{멜라민}로 수십 명 사망하고 수백 명 기형아
- 규제 : 방송 및 포털사이트, 사회관계망서비스_{SNS}, 모바일 메신저를 삭제하고 차단
- 권력 남용 : 공안 고위층 아들의 여중생 살해 사건 단순사망 처리

아프간
- 유해식품 : 학교 주변의 어린이 불량식품
- 규제 : 2002년 5월 탈레반 정권이 미용실 영업을 전면 금지
- 권력 남용 : 정략결혼을 하지 않고 연애결혼을 해서 집안의 명예를 더럽혔다는 이유로 명예살인_{집안의 명예를 더럽혔다는 이유로 가족 구성원을 죽이는 관습}

이와 같이 물리적으로 20~30년의 시차를 두고 있지만 3천 달러 미만의 저소득 국가들의 사건과 사고는 매우 유사한 경향을 보인다. 그 시절 한국의 경우도 불량, 유해식품 기사가 신문 지면을 장식했다. 규제나 권력 남용도 지금 생각하면 어처구니없지만 그때는 현실이었다.

　방송에서도 이런 현상은 나타난다. 공중파 TV 방송의 저녁 황금시간_밤

9시대 프로그램의 경우를 보자.

미국과 같은 선진국은 엔터테인먼트오락를 방영하는데, 우리는 방송 3사 중 KBS1은 9시에 뉴스를 방영하고, MBC와 SBS는 한 시간 이른 저녁 8시에 뉴스를 내보낸다.

방송국은 시청률에 따라서 광고 수입이 비례하여 많고 적어지므로, 시청률이 높은 분야를 메인시간대에 배치할 수밖에 없다. 고소득 사회에서 메인시간대에 뉴스를 송출하지 않는다는 것은 시청자를 붙잡을 수 있는 비상식적이거나 쇼킹한 사건, 소위 빅뉴스가 없다는 것이다. 그래서 뉴스에 비해 시청률이 더 높은 오락프로를 이 시간대에 방영하는 것이다.

이에 반해 저소득 사회에서는 오락보다 뉴스가 메인시간대를 차지하고 있다. 생각지도 못한 희한한 대형 사건과 사고가 많이 발생하며, 이러한 사건 등을 보도하는 뉴스가 시청률이 높기 때문이다.

그러나 선진국은 오락프로의 수준이 높기 때문에 시청률이 높고, 후진국은 그렇지 못해서 오락프로의 시청률이 낮은 것이 아니냐는 의문이 들 수도 있다.

그런데 선진국이 후진국에 비해 오락프로의 수준이 높다면, 아마도 이 둘 간 뉴스에서의 수준 차이는 더 클지도 모른다. 선진국은 뉴스를 발굴하는 데 훨씬 뛰어나고, 또한 보도하는 데 장애가 없다. 후진국은 권력이나 돈을 가진 자 소위 '힘 있는 자'의 보도통제와 방해로 엄청난 사건도 뉴스에 보도되지 못하고, 자국에서 일어난 사건들이 오히려 타국에서 먼저 전파를 타는 경우가 흔하다.

결론적으로 저소득 사회는 대형 사건과 사고가 많이 일어나 이러한 보도 방해 등에도 불구하고 뉴스거리가 많다는 것이고, 고소득 사회는 사회가 시스템에 따라 움직이기 때문에 안정적이어서 뉴스거리가 될 만한 비상식적인 사건이 적다는 것이다. 저소득 사회는 생각지도 못했던 사건과 사고들이 펑펑 터지는 예측 불가한 사회이고, 소득수준이 상승함에 따라 이에 비례해 이러한 비상식적인 사건과 사고들이 줄어들고 사회가 확립된 규칙대로 작동되므로 예측 가능성이 높아진다.

국가별 부패지수(CPI) - 국제투명성기구

조사대상 : 총 90~176개국, 100점 만점

국가명	부패지수(CPI)*				1인당GDP(US달러)	
	2000년		2016년		2000년	2016년
	순위	CPI점수	순위	CPI점수		
핀란드	1	100	3	89	23,319	43,492
미국	14	78	18	74	34,375	57,294
프랑스	21	67	23	69	22,753	38,537
대한민국	**48**	**40**	**52**	**53**	**10,841**	**27,633**
중국	63	31	79	40	932	8,261
인도	69	28	79	40	442	1,718
나이지리아	90	12	136	28	364	2,260
방글라데시	미 조사		145	26	338	1,403
북한	미 조사		174	12	?	1,013 현대경제연구소 (2015년)
조사 대상국	90개국		176개국			

* 부패인식지수(CPI)는 공무원들과 정치인들 사이에 부패가 어느 정도로 존재하는지에 대해 인식된 정도에 따라 각 국가별로 이를 순위 매긴 것

우리의 경우, 선진국에 비해 소득수준이 아직 미치지 못하는 것처럼 사회의 안정성과 예측 가능성도 떨어진다. 하지만 근자에 파워 집단의 사건과 사고가 자꾸 언론에 보도되는 것은 우리 사회가 그만큼 선진 사회를 향해 가고 있다는 반증일 것이다. 최고 권력 곁에서 호가호위하던 비선실세 최순실의 국정농단으로 대통령이 탄핵되고, 삼성공화국의 총수가 구속됐다.

표는 국제투명성기구에서 발표하는 2000년과 2016년 세계 각국의 부패지수에서 발췌한 것이다. 오른쪽 '각국의 1인당GDP'는 왼쪽에서 발췌된 나라들의 2000년과 2016년 1인당GDP다. 두 개의 표를 서로 비교해 보면 '부패지수'와 '1인당GDP'가 상당히 밀접한 상관관계를 가지고 있음을 보여주고 있다. 한국은 2개년도 공히 미국과 프랑스에 비해 소득이 낮고 부패지수도 낮아 부패가 심함을 보여준다.

표에서 보듯이 소득수준과 부패수준은 역의 상관관계를 보이며, 저소득 국가는 그 정도가 심할 수밖에 없다. 저소득 국가에 진출하여 사업을 하고자 할 때는 사전에 해당국의 부패가 사업에 미치는 영향을 철저히 조사하고, 이를 극복할 수 있는 방안을 강구해야 할 것이다.

2016년 한국의 부패인식지수CPI, Corruption Perceptions Index는 100점 만점에 53점으로 176개 조사대상 국가 중에서 역대 최저 순위인 52위를 기록했다. 이는 전년보다 15단계 하락한 순위이며, 한국은 35개 OECD 가입국가 가운데서는 29위를 차지해 하위권에 머물렀다.

이 점수가 충격적인 이유는 최순실 국정농단 및 탄핵 사태 이전까지,

2014년 11월부터 2016년 9월까지의 자료로 측정된 평가 결과라는 점이다. 다음번 평가 결과는 더 나빠질 수 있다는 뜻이다.

더욱 우려스러운 것은 10여 년간 우리나라의 부패인식지수가 50점대에 머무르고 있다는 사실이다. 스위스에 있는 국제 기관인 세계경제포럼 WEF에서 매년 발표하는 국가 경쟁력 평가 중, 2016년 평가에서 우리나라는 138개국 중 26위를 기록했다.

2009년 한국개발연구원KDI의 보고서 〈사회적 청렴과 국가 경쟁력 간 연관성 분석·연구〉에 따르면, 국가의 청렴도가 높을수록 국가 경쟁력과 국가 브랜드 가치가 높아진다. **"국가 경쟁력 차이의 대부분은 청렴을 포함한 법과 제도의 차이 때문에 발생한다."**라는 결론을 제시한 것이다.

연구자들은 "부패는 그 자체가 그 나라의 제도와 조건이 나쁘다는 징후다."라면서 부패가 경제 성장에 나쁜 이유를 밝혔다. 법적, 경제적 제도가 부패를 막고 청렴도를 제고하지 못한다면 성장이 지체된다. 또 부패는 투자와 인적 자본의 감소를 야기하기에 경제 성장에 악영향을 끼친다. 부패한 국가는 사회적 불확실성으로 인해 신인도가 하락해 투자수익률을 감소시키며, 공직의 매력을 과도하게 증가시키기도 한다.

"

소득수준이라는
간단명료한 내비게이션으로
세상을 들여다보면,
세상의 흐름을 적나라하게 볼 수 있다.
소득이라는 키워드로
과거와 현재를 읽고,
그와 더불어 미래를 설계할 수 있는
절호의 기회를 얻기 바란다!

"

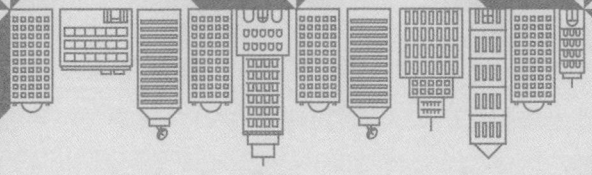

CHAPTER 05

열린 사회와 투명성

열려 있고 투명해야
고소득 사회로 간다

2002년 한일 월드컵의 4강 신화를 만든 히딩크 감독은 '기량만을 기준으로 선수들을 뽑았다. 매일 매일 훈련일지를 적고, 그것을 그래프로 선수들에게 보여주었다. 그러니 자기가 발탁되지 못한다고 해서 선수들이 억울해하지 않았다. 철저하게 투명성을 확보한 것이다. 그 때문에 감독의 권위와 리더십이 통할 수 있었다.

2001년 1월 히딩크 감독은 부임한 뒤, 곧바로 한국 선수들에 대한 전반적인 테스트를 실시했다. 이전의 국내 지도자들은 한국 선수들은 테크닉, 즉 기술적으로는 유럽이나 남미 선수들에 떨어지지만 체력만은 뒤지지 않는다고 자신하고 있었다.

그러나 히딩크 감독의 진단은 달랐다. 히딩크 감독은 한국 선수들이 기술적인 면에서는 유럽 선수들에 비해 85% 수준으로 별로 처지지 않지만, 체력적인 면에서 50~60% 수준에 불과하며, 특히 전술 수행 능력은 30% 정도로 형편없이 낮다고 평가했다. 이전의 주먹구구식 한국 축구의 관행을 깨뜨린 것이다.

그리고 테크닉은 단기간에 향상시킬 수 없지만, 체력과 전술 능력은 훈련 여하에 따라 충분히 가능하다고 생각했다. 그래서 제일 먼저 기초체력 다지기 작업에 착수했다.

히딩크 감독은 모두 63명의 대표선수를 테스트했다. 체력이 미달되거나, 기량은 있지만 훈련에 불성실한 선수들을 차례로 도태시켰다. 고종수, 이동국 같은 스타선수들이 희생양이 됐다. 반면 히딩크가 아니었으면 월드컵 무대는 꿈도 못 꾸었을 최진철, 송종국, 박지성, 김남일, 이을룡, 최태욱, 차두리 같은 선수들이 살아남았다.

대표적으로 막내 박지성을 대표로 뽑았을 때, '왜 저런 선수를 뽑았을까' 하는 의견이 지배적이었다. 그러나 히딩크 감독은 절차와 과정의 투명성을 무엇보다 중요시했기에, 그런 결단을 내릴 수 있었던 것이다. 어떤 학연, 지연, 인맥에 관계없이 오로지 실력 위주로 선수를 선발했다.

기업도 마찬가지다. 악한 기업과 착한 기업 중 누가 살아남을 수 있을까?

<u>못사는 나라에서는 악한 기업도 살아남을 수 있다. 하지만 선진국에서는 착한 기업만이 살아남는다.</u>

소득수준이 높아짐에 따라 국민의 의식수준도 함께 높아진다. 국민의 의식수준에 비례하여 기업의 의식수준도 변하게 된다. 따라서 국민의 의식수준을 따라가지 못하는 기업은 곤경에 처하고 결국에는 파산에 이른다.

근래 대한항공 땅콩 회항 사건, CU 가맹점주 자살 및 사망진단서 조작 사건, 몽고식품 대기업 오너의 운전기사 폭행 사건, 미스터피자 회장의 경비원 폭행 사건, 남양유업 직원의 대리점 점장 욕설 사건 등이 끊이지 않고 있다. 이런 뉴스가 계속된다는 것은 아직 우리나라의 기업문화가 선진국에 도달하지 못했다는 반증이 된다. 다행인 것은 그래도 예전과는 다른 소비자들의 대처다. 이런 사건을 일으킨 기업은 국민들이 불매 운동으로 일으켜 주식이 폭락하는 현상이 일고 있다.

국민의 소득수준과 기업의 의식수준의 변천 과정을 살펴보자. 자본주의 아래서 경제의 낙후로 1인당GDP가 낮아 3천 달러 이하 국민의 식이 낮을 때는 부패한 독재 권력이 국정을 농단하며 국민은 인종에도 없다. 소득이 증가하여 독재 정권이 막을 내리면, 권력의 자리를 기업 돈이 차지한다. 이제는 돈이면 안 되는 것이 없고 관료와 정치인마저도 힘 있는 기업의 눈치를 본다. 그러다가 **선진국이 되면 악한 기업은 국민이 등을 돌려 설 땅이 없으며, 착한 기업은 사회와 함께하고 사회를 선도할 방향을 모색한다.**

선진국인 미국의 소비자들 다섯 중 넷은 제품이나 서비스를 구입하기 전에 기업의 평판을 생각한다. 선진국에서는 도덕적 해이, 무사안일, 관료화, 부패와 부정으로 대기업이 결국 경영 위기에 처하거나 문을 닫았다. 엔론, GM, 리먼 브라더스 등이 그 대표적인 예다.

한국이 빈곤에 허덕이던 1961년, 5.16군사 쿠데타로 집권한 세력은 기업의 통폐합과 줄 세우기를 했고, 밀수 같은 불법 행위도 서슴지 않았던 한국의 대표적 기업들은 꼼짝없이 이를 따를 수밖에 없었다.

1979년 12월 12일 전두환은 쿠데타로 집권1980~1988년하게 됐다. 박정희의 경제정책에 힘입어 한국의 기업들이 성장한 결과, 이제는 전두환 세력도 기업을 마음대로 할 수 없었다. 전두환도 불법적으로 기업에게 돈을 요구하는 수준에 그칠 수밖에 없었다. 전두환은 기업인들로부터 천문학적인 돈을 받았으며, 기업인과 청와대 회동 시 자신에게 바친 돈의 액수의 순서대로 좌석 순서를 배치하기도 했다. 당시는 법이 통하지 않는 세상이었다. 정권은 바뀌었으나 사람만 바뀌었지, 독재는 다시 독재를 불러 권력 집단의 만행은 끝이 없었다.

1인당GDP 3천 달러 미만이었던 1920년대 미국 사회를 보여주는 영화 〈체인질링Changeling, 2008〉을 보자. 1928년 LA, 회사에서 돌아온 싱글맘 크리스틴은 9살의 아들 월터가 사라진 것을 알고 경찰에 신고한다. 경찰은 크리스틴에게 남의 아이를 데려다주며, 그 엉뚱한 애가 자신의 잃어버린 아이임을 인정하라고 강권한다. 그리고 언론에는 경찰 자신들이 이 미아 사건을 해결하고 아이를 엄마 품에 데려다 주었음을 홍보한다. 그뿐이 아니다. 이 사건을 파헤치려는 엄마를 정신병자로 몰아 정신병원에 강제로 입원시킨다.

1920년대, 미국은 금주령이 내려진 시대였다. 이를 이용하여 알카포네로 대변되는 마피아가 활보하고, 케네디 대통령의 아버지 조지프 케네디도 밀주사업으로 엄청난 부자가 됐다. 이 당시 미국의 기업들은 부패한 권력을 돈으로 매수하여 온갖 불법 행위는 물론, 이권을 위해서 살인까지 저지르는 천민자본주의가 극치를 달리고 있었다. 1929년 대공황 시절에 절망적인 현실이 낳은 불후의 명작, 존 스타인백의 〈분노의 포도〉가 탄생한다.

"나는 430두의 소를 키워 시장에 내다팔았고 내가 살찌운 고기의 양은 6만kg은 족히 될 것이다. 내가 키운 소만으로도 2천 명이 1년은 먹을 수 있다. 그런데 내 집에는 단 한 점의 고기나 고기를 살 만한 단 한 푼의 돈도 없다."

한 농부의 이 같은 개탄에서 당시 농민들이 겪어야 했던 어려움을 짐작할 수 있다. 가난한 농민들은 대자본에 밀려 자신의 터전인 농토까지 잃고 일자리를 찾아 끝없는 히칭 길을 떠난다.

2000년대부터 경제가 급성장한 중국도 마찬가지다. 2017년 현재 인터넷에 '가짜 천국'이라는 용어를 입력해보자. 거의가 중국과 관련한 글이 올라온다.

'짝퉁 천국' 중국, 가짜 캔맥주까지 등장!
'짝퉁 천국' 중국, 가짜 병마용 등장
'짝퉁 천국' 중국, 이번엔 '가짜 약' 유통 문제로 골머리

'짝퉁 천국' 중국, 가짜 '애플 스토어'까지 등장, 아이폰6S 예약판매까지

역시 '짝퉁 천국', 가짜 대학 베이징에만 83곳

중국, '요람에서 무덤까지' 가짜 천국!

"오죽했으면 중국에서는 사람 빼놓곤 모두 가짜다."라고 하겠는가? 가짜 분유 사건으로 수십 명의 유아가 사망하고 수백 명이 기형아가 된 것처럼, 돈만 되면 인간의 생명도 안중에 없다.

그런데 이런 가짜 상품은 중국만이 아니다. 여타 후진국들도 별반 차이가 없다. "어느 나라를 막론하고 후진국은 가짜가 많다."라고 관광업 종사자들은 한결같이 이야기한다. 멀리 갈 것도 없이, 우리 한국의 1970~80년대도 유해식품 기사가 언론을 장식했다.

어느 나라를 막론하고 3천 달러 미만의 후진국은 자기의 권리도 주장하지 못하는 낮은 국민 의식수준과 더불어 가짜, 부정, 부패가 판치고 악당과 악한 기업들이 활보한다.

한국은 경제 성장과 더불어 국민의 자아의식이 싹터서 1987년 6월 민주화 6.29선언를 얻어냈다. 한국 경제는 지속적으로 성장하여 1995년 1만 달러 시대를 열었으나, 1997년 IMF 외환위기를 당했다. 시중에서는 IMF 발생 원인에 대해 "김영삼 정부의 외환시장 개방 자율화 조치 때문이다."라고 이야기한다. 그렇다면 외환시장을 개방한 나라는 모두 외환위기를 당했는가? 그렇지 않다면, 다른 근본적인 원인이 있을 것이다.

한국의 IMF 외환위기는 소득수준 1만 달러 시대에 요구되는 사회의식의 부재로 인한 '의식의 위기'였다.

1인당 GDP 3천 달러를 넘어 저임금 등 저비용으로 고도 성장하던 경제는 1만 달러에 이르면 성장률이 떨어진다. 그러므로 성장 속도가 예전만 못하더라도 경제가 지속적으로 성장하려면 부정, 부패 등으로 인한 고비용, 저효율적 요소를 없애고 공정 경쟁이 이루어져야 한다.

* * *

1만 달러 시대는 내게 이익만 되면 불법도 서슴지 않는 자아의식에서 한 단계 성숙된, 그 사회의 구성원(기업을 포함하여)들이 사회의 일원으로서 공공질서를 지키고 법을 준수하는 '사회의식'이 필요한 시기다. 그러나 당시 한국은 1만 달러 시대에 요구되는 사회의식의 부재 상태였다. 그 결과 의식수준에 걸 맞는 소득수준으로 복귀한 것이다.

기밀비의 사전적 정의는 아래와 같다.

① 지출 내용을 명시하지 아니하고 기밀한 일에 쓰는 비용.
② 지출 따위가 주임자의 재량에 맡겨진 비용.

기밀비는 영수증이 필요 없이 내 마음대로 '뇌물'로도 쓸 수도 있는 비용이다. 1980년대 후반 당시만 해도 한국에 투자한 미국 등 선진국의 외국 기업들은 이렇게 영수증도 없는 비용이 나갈 수 있다는 것기밀비에 경악했다. 마치 우리나라를 외계인 보듯이 쳐다봤다. 이 기밀비는 한국이 1만 달러를 달성했던 1995년을 지나 IMF1997년을 겪은 후 1999년까지 지속되다가 2000년부터 세법 개정으로 폐지됐다.

물론 한국의 뇌물 수수 규모는 세법상 한도 규모보다 훨씬 컸겠지만, 이렇게 한국은 국법으로도 뇌물 수수용 자금을 기업에게 용인하고 있었던 어처구니없는 사회였던 것이다. 뇌물을 수수하다 발각되면 처벌받는다. 그러나 기밀비는 걸리지만 않으면 아주 용이하게 쓸 수 있는 뇌물용도 자금이 된다.

이것은 우스운 비유가 될지도 모르지만 "부부 중 어느 한 사람이 다른 쪽에게 들키지만 말고 바람을 피우라고 외도용 자금을 제공하면서, 대신 걸리면 죽는다."라고 하는 것과 같다. 아마도 정신 이상이 아니고서 부부 사이에 이럴 수는 없을 것이다.

이처럼 한국은 IMF 당시까지 '겉으로는 뇌물을 주면 가만 두지 않겠다'고 하면서도 실제로는 뇌물을 묵인 내지는 부추기는 정신 나간 사회였다.

정치인, 관료, 공무원 등은 자신들의 부외 수입원인 기밀비에 대한 규정을 없애기 힘들었을 것이다.

이렇게 멍석이 깔려 있으니 살풀이 굿판이 벌어지는 것은 당연한 것 아닌가?

기업들은 뇌물을 주고 그 뇌물 액수의 몇 십에서 몇 백 배까지 이익을 챙긴다. 기업이 챙긴 만큼 국민의 혈세를 축내고 또한 이것은 고비용, 저효율을 야기해 대외 경쟁력을 약화시켰다.

또 한편으로는 한보와 같은 회사는 로비를 통해 부정대출을 받고 정치계, 관계, 금융계는 검은 돈을 챙기고, 이런 부실기업에 대출은 금융기관의 부실을 가져왔다. 또한 매각 처리해야 할 부실기업 기아는 노조의 극렬한 반대로 사태의 해결이 지연되어 여러 협력 업체들의 연쇄부도를 가져와 금융 사정을 계속 악화시켰다.

그 결과 국가 경제는 늪으로 빠져들었다. 부정부패, 이기주의, 저효율 등으로 생산원가가 상승하여 주요 수출 상품의 국제 경쟁력이 약화되고, 또한 국민의 과소비 풍조 등으로 인하여 1996년에는 경상수지 적자 폭이 230억 달러를 넘어섰다. 이러한 경상수지의 적자 폭은 해외 차입으로 보전할 수밖에 없고, 단기외채에 치중되어 단기적 지불 능력을 약화시켰다. 이러한 금융 사정의 악화는 국가 신용도 하락을 불러일으켰다.

이와 같이 부패한 기업과 기업주, 정치인, 관료, 금융인, 생떼 쓰는 근로자, 국민의 과소비 풍조 등 총체적인 도덕적 해이 Moral Hazard, 사회의식의 부재가 외환위기를 불러왔다. 그 결과 서급한 의식수준에 상응하는 소득수준 1997년 1인당GDP 12,000달러대에서 1998년 1인당GDP 7,800달러대로 하락으로 추락했다.

위와 같은 의식의 위기로 경제위기를 당한 후, 다시 소득수준과 국민의식이 향상됨에 따라 기업의식도 향상됐다. 그러나 한국의 기업들은 고소득 선진국의 기업의식에는 훨씬 미치지 못하고 있다. 이는 선진국에 비해 한국의 1인당GDP가 낮고 이와 결부된 국민의식이 낮으므로, 한국의 기업의식도 낮음은 당연하다.

예전에 비해 한국의 기업들도 납세의식 등 법을 준수하는 사회의식이 높아졌다. 그러나 일부 소수의 기업들은 여전히 국민의식에도 미치지 못하는 행동들로 사회에 물의를 일으키고 자신들은 곤욕을 치렀다.

일부 대기업이 3대째 경영권 승계를 위하여 불법적으로 비자금을 조성하거나 또는 편법적인 증여를 하여 부를 자신의 후세에게 이전했다. 어느 기업주는 아들을 위한 사적 보복 폭행을 하여 국민들을 실망케 했다. 예전 같으면 조용히 묻혀 버렸을 사건들이 이렇게 공론화되고 사회적 문제가 되는 것은 국민의식이 성장했기 때문이다.

소득의 증가에 따라 국민의식이 향상되는 것처럼 그 국민의 일원인 기업, 사주, 기업의 근로자_{종사자}의 의식 또한 향상된다. 한국의 근로자들은 1990년대 초반까지만 해도 기업과 기업주의 지시에 순응했다. 혹여 그 지시가 사주의 사적이고 부당한 이익을 꾀하는 사항으로서 그 결과 회사나 주주의 이익에 손해를 끼치는 반사회적 행위일지라도 묵묵히 따랐다.

그러나 2000년대 들어 종사원들의 사회의식의 발현은 사주의 부당한 지시에 반발하고 고발하기에 이르렀다. 모 중소기업의 경우를 예로 들면, 사주가 자신의 주택재산세를 납부하라고 경리부에 전달하면 예전에는 말없이 납부했다. 하지만 요즘은 사장님 개인 세금을 왜 법인_{회사}에서 납부해야 하느냐고 반발한다.

혹자들은 "세상보다 두 걸음 앞서가면 예술이고, 한 걸음 앞서가면 철학이며, 반걸음 앞서가는 것이 사업이다."라고 한다. 이와 같이 반걸음 앞서가는 것이 사업이라면, **사업가는 수익모델을 찾는 것뿐만 아니라 의식에 있어서도 반걸음 앞서가야 하며, 기업은 최소한 4~5년 후의 소**

득수준의 상승에 따른 국민의식의 변화를 염두에 두어야 한다.

요즘 국민들은 미국 같은 선진국에서는 상속 관련 세금 때문에 2세의 경영권 승계도 어렵다는 것을 알고, 한국의 경영권 승계에 대해 관심이 높아졌다.

1995년, 삼성의 이건희 회장은 자신의 아들 이재용 씨에게 60억 원을 증여했다. 이재용 씨는 이 돈으로 삼성 그룹 비상장 계열사인 에스원의 주식을 23억 원, 삼성엔지니어링 주식을 19억 원 어치를 사들인다. 그런데 불과 1년 뒤에 이 두 회사는 상장된다. 1년 뒤에 상장될 회사의 주식을 누가 팔겠는가?

하지만 삼성계열사인 에버랜드는 그렇게 했다. 이재용 씨는 42억 원을 들여서 산 이 주식을 팔아서 605억 원을 마련했다. 1년 사이에 종잣돈이 15배로 불어났다.

이재용 씨는 그중에 100억 원 정도를 떼서 에버랜드의 전환사채를 구입했다. 전환사채는 주식으로 전환할 수 있는 회사의 채권을 말한다. 그 당시 에버랜드는 재무구조가 튼튼해서 사채를 발행할 이유도 없었고, 비상장이지만 1주당 매매 가격이 23만 원에 이르기도 했다. 그런데 결과적으로 이재용 씨에게는 단돈 7,700원에 에버랜드 주식 32%를 넘겨준 셈이다. 이재용 씨를 제외한 나머지 주주 97%가 전환사채 배정을 포기했기 때문에 가능한 일이었다. 나머지 주주는 중앙일보, 삼성물산 등 계열사들이다.

이재용 씨가 에버랜드의 최대주주가 되고 난 후에 에버랜드는 역시 비상장 회사인 삼성생명을 주당 9,000원씩 344만 주를 매입했다. 1998년 일이다. 그 결과 에버랜드가 보유한 삼성생명 지분은 2%에서 20%로 증가하게 되고, 삼성생명은 2011년에 상장했는데 상장가가 11만 원에 달했다.

삼성생명은 우리나라에서 가장 큰 보험회사로 자산이 200조 원이 넘는다. 삼성생명은 이 돈으로 삼성전자 지분을 사들여 삼성전자의 최대주주가 됐다. 따라서 에버랜드를 갖고 있으면 삼성생명과 삼성전자를 지배할 수 있는 것이다.

결국, 이재용 씨는 이런 치밀한 계획 하에 60억 원의 종잣돈으로 매출 300조 원이 넘는 삼성그룹의 지배권을 가지게 되었는데, 그 와중에 낸 세금은 증여세 14억 원에 불과했다.

재벌 3세인 이재용의 경영권 승계를 위한 에버랜드 전환사채를 편법으로 증여했지만, 세금의 추징도 없었고, 형사적 처벌도 유야무야였다. 당시 삼성은 증여세법의 허점을 이용했기에 세금은 추징불가였고, 이 사태 이후 세법은 이러한 증여의 허점을 보완하기 위하여 2004년 증여에 포괄주의 개념을 도입했다.

어떻든 간에 삼성의 일방적 승리였다. 이것은 정·관계에 포진한 삼성장학생의 공이 지대했을 것이다. 국가와 국민의 세금으로 녹을 받는 고위 공무원은 대한민국의 노복이 아닌 삼성의 충복이었던 것이다.

그러나 2017년 2월, 삼성의 이재용은 삼성물산과 제일모직의 편법합병을 위한 뇌물제공 최순실 사건으로 결국 구속됐다. 3대에 걸쳐 삼성공화국

총수의 구속은 최초였다. 이것은 "이게 나라냐."라는 자조와 한탄 속에서도 세상이 달라졌음을 또 더 달라질 것을 시사하고 있다.

사주와 기업들은 이러한 국민_{회사 종사원을 포함하여}의 관심과 국민의식이 4~5년 후에는 더 높아질 것을 상정하여 업무를 수행해야만 미래에 불필요한 잡음을 피할 수 있을 것이다.

* * *

선진국 기업들의 사회적 기여수준에는 미치지 못하지만, 한국에서도 조용히 아름다운 기부에 참여하는 기업들이 늘어가고 있다. 선진국에서는 기부와 배려의식이 사회를 이끌어 간다. 기업도 소비자나 국민 위에 군림 하지 않고, 묵묵히 사회가 요구하는 책임을 다한다.

한걸음 더 나아가, 마이크로소프트의 빌 게이츠 회장은 2008년 1월 다보스 포럼에서 빈민을 돕는 '창조적 자본주의'를 주창했다. 이것은 그가 처음으로 주창한 것으로서 '단순히 기업의 사회적 책임에서 더 나아가 자본주의의 혜택을 받지 못하는 빈민들을 대상으로 적극적인 기업활동'을 뜻하는 것이다.

이와 같이 빌 게이츠는 선진국기업들이 행하고 있는 '기업의 사회적 책임'을 넘어서, 기업이 창조적 자본주의를 행할 것을 주장하고 있다. 향후 기업의 나아갈 방향을 제시한 것이며, 세상이 고소득 사회가 될수록 기업의 역할이 더 커지고 중요해진다.

기업의 근간은 첫째도 사람 둘째도 사람이며, 그 사람들이 이익을 목표로 활동하는 조직이다. 기업의 직원도 그 나라 국민의 한사람이다. 그러므로 기업의식은 국민의식과 그 수준을 같이 한다.

개도국수준을 벗어나도 아직은 선진국 기업들이 행하는 사회적 책임과는 거리가 멀다. 이러한 연유는 선진국은 국민들의 의식수준에 걸맞게 기업도 그러한 수준의 의식수준을 갖추고 있으나, 중진국은 국민과 기업이 그렇지 못하기 때문이다.

이처럼 중진국 기업들의 의식과 행위는 선진국 기업의 수준에 훨씬 미치지 못한다. 그렇다고 해서 기업만을 탓할 것이 아니다. 국민의식이 선진국에 미치지 못하는데, 국민의 한사람인 기업의 종사원들에게 특별히 선진 국민들의 높은 의식수준을 요구할 수 없는 것이 아닌가?

기업을 탓하기 전에 국민의식이 그것밖에 안 됨을 탓해야 한다. 중진국이 선진국이 되고 국민의식이 높아짐에 따라 기업들도 의식수준도 높아질 것이다.

후진국에서는 악한 기업도 살아남을 수 있으나 선진국에서는 착한 기업만이 살아남는다. 영리 목적의 기업만이 아니라 비영리 목적인 정부를 비롯한 공공 조직도 국민의 의식수준에 발맞춰 그 수준이 높아질 것이다. 사회 전반의 수준이 높아져서 효율과 효과를 강조함에 따라 공공 조직도 같은 방향으로 변해갈 것이다. 한국의 경우, 옛 방식의 부작위에서 점차 작위로 의식이 바뀔 것이다. 한편 공공 조직의 혁신적인 변화는 우리 사회를 좀 더 빨리 고소득 사회로 이끌 것이다.

말콤 글래드웰은 1만 시간의 노력을 다할 때 비로소 우리의 뇌는 최적의 상태가 된다며, '1만 시간의 법칙'을 주장했다. 무엇이든 어느 분야든 나름대로 도의 경지에 이르기 위해서는 최소한 1만 시간을 투자하라는 것이다. 1만 시간은 하루 3시간씩 투자한다고 가정하면 딱 10년이다. 무슨 일을 하든 10년 정도는 노력을 해야 한 단계 더 높은 수준으로 도약할 수 있다.

1만 시간은 하루 3시간이면 10년, 하루 5시간이면 5년, 하루 10시간이면 3년이다. 진정 이루고 싶은 소망이 있다면 그리고 퀀텀 점프를 원한다면 그 정도의 노력은 있어야 한다는 의미일 것이다.

그 어렵다는 사법고시도 2년여를 공부하면 붙을 사람은 거의 붙는다. 그래서 대부분 대학 4학년에서 수석 합격자가 가장 많이 나온다. 조기 유학을 간 학생들의 경우도 현지 언어를 익히는 데 보통 2~3년이 걸린다고 한다. 하루 13시간에 2년이면 대략 1만 시간 13시간 × 365일 × 2년이 된다.

이처럼 우리가 어떤 업무에 2~3년을 종사하면 그 업부에 익숙해져 해당 업무에 대한 최적의 능력을 발휘할 수 있는 상태가 된다. 2~3년 후 자신의 업무에 익숙해져 능률이 오르고 효율과 효과를 발휘하기 시작할 시점에, 공무원 조직의 경우는 유착과 부정을 방지한다며 근무지를 이동시킨다.

이것은 '구더기 무서워 장 못 담그는 격'으로서, 업무 효율을 떨어뜨린다. 부임지에서 처음에는 낯설었던 지역과 민원인의 특성을 파악하여 능률이 오를만 하면, 다른 곳으로 이동해서 다시 익숙해지는 데 시간을 쏟아 부어야 하는 악순환의 반복이다. 유착이 우려된다면 제도적으로 방지 대책을 세워야 할 문제이지 전근으로 해결할 문제가 아니다.

여기에 대한 방법론의 하나로서 영리기업의 조직 운용을 참조할 필요가 있다. <u>소득수준 향상에 따라서 의식수준도 향상되나, 제도적 뒷받침이 있을 때 의식수준은 더 빨리 향상된다. 이렇게 해서 향상된 의식수준은 다시 소득을 향상시키는 역할을 한다.</u>

영리기업들은 수익창출의 목표 하에 고객과의 지속적인 관계를 유지하기 위하여 팀별로 움직이며, 이들 중에 한두 사람이 바뀌더라도 전체가 바뀌지는 않도록 한다. 또한 좋은 서비스와 수익 창출로 성과를 낸 직원에게는 실적에 대한 보상이 뒤따른다.

공공 조직에서도 비리가 두려워 전근시키고 이로 인해 업무 효율을 희생시킬 것이 아니다. 그보다는 성과에 뛰어난 사람에게 강력한 보상을 하여, 남보다 노력한 것에 대한 대가를 받게 해야 한다. 그래서 비리의 온상이나 철밥통으로 비춰지는 것이 아니라, 능력 있는 사람이 대우받으며 그렇지 못하면 도태되는 조직이 되어야 한다.

고소득의 세계는 치열한 경쟁 사회로 사회 전반에 걸쳐 효율성과 창의성이 요구된다. 고소득 선진 국가에서는 비영리 공공 조직의 역할이 막중하다. 실적에 대한 보상을 하기 위해서는 공정한 실적考課 평가가 선결조건이다. 하지만 공공 조직의 경우, 그 업무가 관리나 대민對民 서비스라서 실적 평가가 어렵다고 얘기한다.

그러나 다국적기업이나 일부 국내 대기업의 경우, 오래전부터 관리직에 대해서도 고가 평가를 해오고 있다. 그중 네슬레의 경우, 평가자^{직상급자 : 예 과장}의 평가에 대해 피평가자^{하급자 : 사원}가 이의가 있을 때는 그 평가서에 이의를 표기하여 차상급자^{부장}에게 제출한다. 평가자가 실수나 고의로 불공정한 평가를 하여 이의가 많아지면 자신의 고가에 좋지 않은 영향을 미치므로, 항상 신중하고 공정한 평가를 할 수 밖에 없다. 이와 같이 공공 조직도 얼마든지 공정한 고가 평가를 할 수 있을 것이다.

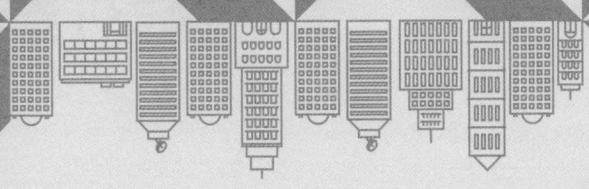

CHAPTER 06

세계화와 문화

소득이 높으면 문화도 글로벌화가 된다

<u>소득은 우리가 사는 세상의 교육, 정치, 문화, 경제 등 모든 행위의 결과물로서, 사회의 모습과 현상을 설명하는 지표다. 그러므로 우리는 어떤 행위를 할 때, 소득의 관점에서 조망하고 판단하면 잘못된 결론에 이르는 오류를 최대한 피할 수 있다.</u>

한국 속담에 "못되면 조상 탓이다."라는 말이 있다. 소득의 관점에서 그 의미를 풀어보자.

첫째, 자신의 빈곤을 직접 조상 탓으로 돌린다. 못살면 조상을 탓하는 경우다. 이는 잘살고 못사는 것이 대물림되는 소득의 관점에서 보면 타당성이 있다. 사람이 잘살면 자녀를 잘 부양하고 교육시켜 후손도 잘살게 될 확률이 높아진다. 반면에 빈곤하면 교육은커녕 부양조차 할 수 없어 어려서 일찍 죽거나 빈곤이 대물림된다. 즉 조상이 못살았기 때문에 저소득 나도 못산다는 이야기다.

둘째, 자신의 빈곤을 직접 조상의 묘 탓으로 돌린다 이하 '묘 탓'. 이는 첫째 경우에 비해 전가 대상이 '묘'로서 구체적이다. '못되면 조상의 묘 탓'을 하는 경우로써, 풍수 관점에서 좋은 자리 명당에 묘를 써야 조상님의 음덕으로 후손이 복을 받는데, 묘자리가 안 좋아 못산다며 '묘 탓'을 한다. 이는 타당하지 않다.

묘가 후손의 소득에 어떻게 영향을 미친다는 말인가?

그렇다면, 위에서 '못사는 이유'가 '이것' 때문이라고 주장하는 양자 조상 탓과, 묘 탓 중 어느 것이 타당한지, 아래 한국과 선진국인 독일에서의 주장을 비교해보자.

가. 한국, '잘못되면 조상의 묘 탓' 과학적 증명

전통 풍수를 과학적 이론으로 뒷받침한 것으로서, 한국에서 선대 묘소의 위치나 형상이 후대 자손 번성에 영향을 끼친다는 것을 통계적으로 입증해냈다고 주장했다.

"경사가 15% 이하인 정상 묘의 경우에는 5대손인 기혼남성의 수가 34명이었지만, 경사가 30% 이상인 산비탈 묘소의 경우에는 절반 수준인 18명으로 급감했다."

나. 독일, 한 지역에서 18~19세기 인구 변천 과정 조사 결과

대농의 경우, 무사히 성인으로 자란 자녀의 수가 평민들보다 한 명 이상 많았다. 당시 농경 사회였던 점을 감안하면 소유한 토지가 많을수록 소위 '잘 나가는' 것이니, 증손자뻘 되는 후손을 계산해보면 평균보다 두 배가 더 많았으리라. 물론 피임이 생활화된 현대 사회에서는 100% 맞아떨어지지 않는 법칙이지만 말이다.

위의 두 글은 한국과 독일에서 무엇이 '자손의 번성'의 차이를 가져왔는지 그 원인에 대해서 논하고 있다.

(가)에서 경사 15% 이하인 정상 묘의 경우가 경사 30% 이상인 산비탈 묘소에 비해 5대째 후손이 2배가량 많으며, 묘를 잘 써야 후손이 번성하고, 묘를 잘못 쓰면 후손이 번성치 못하므로 "잘못되면 조상 탓묘이다."라고 주장한다.

(나)에서는 대농의 경우가 소농보다 증손자 수가 2배라며 그 이유를 도지조상 탓으로 돌리고 있다. 후손이 잘나가고 못나가고 여부가 조상 탓이긴 한데, 그 구체적 이유가 '토지' 즉 '소득 탓'이다.

여기서 한번쯤 생각해보자.

"경사가 완만한 정상 묘의 후손이, 경사가 급해서 굴러 떨어질 것 같은 산비탈 묘소의 후손보다 번성했다."라는 주장과 관련하여 전후 내지는 주종관계를 살펴보자.

묘를 좋거나 안 좋은 자리에 썼는데, 그 결과 후손이 번성하거나 쇠약했는가?

　아니면 묘를 쓸 당시 후손이 잘살거나 못사는 연유로, 좋거나 안 좋은 곳에 묘를 썼는지 즉 부와 가난의 대물림이 아닌가를 생각해보자.

　왜 산비탈에 묘를 쓸 수밖에 없었을까?

　당장 끼니도 때우기 어려운 사람은 산비탈은 고사하고 아예 묘조차 쓰지 못하거나, 쓰더라도 관리를 못해 흔적조차 없이 사라져 버렸을 것이다. 그러므로 형편이 어려운 연유로 산비탈에 묘를 쓸 수밖에 없었을 것이고, 이렇게 가난한 집의 아이들은 부자 집 아이들에 비해 생존율이 낮았을 것이다.

　즉 묘가 소득번성을 결정하는 것이 아니고, 소득번성이 묘자리를 정했다. 부자는 묘를 좋은 자리에 쓰고 관리도 잘했으나, 빈자貧者는 좋지 않은 자리에 쓰고 관리도 부실했다. 그래서 소득은 당대에 있어서 부자와 빈자의 생존율 차이를 가져오고, 누적되면 더욱 큰 차이를 낳는다.

　독일 사례에서 보듯이 부농과 빈농은 각각 몇 대가 흐르면 자손 수에 있어서 2배 차이가 나게 된다. 농경 사회에서 토지는 곧 소득이었다. 토지가 적으면 굶어죽기 일쑤고, 교육은 아예 엄두도 내지 못한다. 반면에 토지가 많아 후세를 잘 부양하고 교육시키면 새로운 소득도 창출할 수 있다.

　선진국은 묘를 마을 근처나 심지어 자기 집에 쓴다. 그러나 우리는 지관을 동원하여 명당을 찾아서 마을에서 멀리 떨어진 곳에 묘를 쓴다. 지극정성을 다하여 풍수지리적 관점에서 묘를 쓴 우리가 아무 데나 묘를 쓴 선진국보다 못살까?

이상하게 돌아가신 조상님의 거처에 소홀한 선진국의 불효막심한 무리들이 지극정성을 다한 우리보다 잘산다. 여기에서도 후손을 번성케 한 요인이 묘가 아님을 알 수 있다.

고도의 산업 사회인 작금의 경우에도 마찬가지다. 장마철에 엄청난 폭우가 쏟아져 산비탈은 산사태가 나고, 저지대는 침수되거나 홍수에 휩쓸려 간다. 산사태로 매몰되거나 급류에 떠내려가 사람이 죽는다. 산비탈과 저지대는 사람이 살기에 누가 봐도 위험하다. 여기에 사는 사람들은 살고 싶어 사는 것이 아니라 돈_{소득}이 없어 어쩔 수 없이 살다가 변을 당한 것이다. 가난은 자신의 집_{양택}마저도 위험천만한 곳에 위치하게 한 것이다. 하물며 이들에게 조상 묘_{음택}의 명당 여부를 운운하는 것은 사치다.

소득이 없어 저지대 같은 위험한 곳에 사는 이들도 만약에 명당에 묘를 썼더라면 조상님이 폭우를 그치게 하여 그런 참변을 피할 수 있었을 거라고 얘기할 것인가?

조상 묘가 아닌 조상 대대로 이어온 가난이 후손의 민생에 종지부를 찍었다. 결론적으로 소득_{토지}이 후손의 번성을 결정지었고, 묘자리가 후손의 소득_{번성}을 결정지은 게 아니고 후손의 소득_부이 묘자리를 결정했다는 것이다.

'못되면 묘 탓'이라고 주장하기 전에 묘가 소득에 영향을 미칠 수 있는지 여부와, 소득의 관점에서 '묘_{나쁜 위치와 좋은 위치}와 소득_{못살고 잘사는 것}'과의 주종관계를 판단했다면 잘못된 결론에 이르지 않았을 것이다. 위에서 보듯이 소득을 고려하지 못하면, 수년간의 시간과 노력을 기울여 연구한 결과가 그릇되거나 아무 실속이 없어 속된 말로 '평생 공부 도루아미타불'이 된다.

그러므로 우리는 사회 현상을 파악하고 의사결정을 내릴 때, 소득의 눈으로 보면 잘못된 결론에 이르는 오류를 최대한 피할 수 있다.

***

기업에서도 전략적 의사결정의 출발점은 소득수준이다. 글로벌 기업이 해외진출 시 해당 지역의 소득수준에 따른 의식, 문화, 사회, 인프라의 수준 차이를 경시하거나 간과한 채, 자신들의 뛰어난 제품과 서비스에 근거한 예상 시장점유율 등을 판단 요소로 하여 해외에 진출한다. 하지만 자국의 소득수준에서는 생각지도 못한 의식이나 인프라의 수준 차이로 인한 문제가 발생하고, 사업은 난관에 봉착하고 실패에 이른다.

소득수준의 변화는 장례, 제례, 결혼 등 우리의 전통문화마저 바꿀 것이다. 앞의 내용에 이어서 죽음과 관련한 장묘와 제례 풍습의 과거, 현재, 미래를 살펴보자.

첫째, 조상님은 더 높은 의식수준 합리성 을 가진 후손에게 복을 내린다. 높은 의식수준이 소득을 증가시키고 사회를 발전시킨다. 후손의 삶과 자손 번성 여부는 조상의 묘가 아니라 소득 토지 이다. 선진국은 자신의 거주지와 가까운 마을 옆에 묘를 써서 산 자와 죽은 자가 동거하고, 우리는 저 멀리 떨어진 산에 묘를 써서 별거한다. 우리는 수도권에 살고 있는데 부모님 묘소는 멀리는 전라도, 경상도 등 지방에 있다. '산 자후손와 죽은 자선조묘와의 거리'가 선진국은 가깝고 우리는 멀다.

　선진국 사람들은 돌아가신 부모가 생각날 때마다 언제든지 묘를 찾아갈 수 있도록 가깝게 있으며, 아침과 저녁 산책길에도 들려볼 수 있다. 반면에 우리는 부모님 묘소에 갈려면, 많은 시간이 소요되고 이동 경비도 많이 들어간다. 마음이 심란하거나 부모님이 생각나 묘소에 가고 싶을 때, 선진국은 언제라도 들려 자신의 마음을 추스를 수 있다. 하지만 우리는 가고 싶어도 갈수 없어 스트레스는 더 쌓이고, 일 년에 몇 번명절 등 꼭 가봐야 할 때에 한 번이라도 못 가게 되면 죄책감이 든다.

　누구의 삶이 더 정서적이고 경제적인가?

　묘지의 접근 가능성 차이로 인하여, 우리는 선진국에 비해 정서적으로 더 불만족스럽고 훨씬 많은 시간과 경비를 써야 한다.

　제사도 마찬가지다. 우리도 이젠 제법 살게 되었지만, 가난한 농경 사회에서는 먹고 살기도 힘들었다. 한 달이 밀리고 지르던 세수비용으로 저축하고 자녀들을 교육시켰으면 더 잘살게 되었을 것이다.

　결국 선진국과 한국에서 잘살고 못사는 것은 조상죽은 자의 차이가 아니라, 산 자의 차이즉 산 자의 장묘와 제사에 대한 의식(합리성) 차이다. 리처드 도킨스가 "신은 만들어졌다."라고 설파했던가! 신은 차이가 없고, 신을 만든 우리의 의식마음에 차이가 있는 것이다.

　둘째, 우리도 소득이 증가함에 따라서 장묘와 제례문화가 예전에 비해 달라졌고, 앞으로 더욱 더 합리적으로 바뀔 것이다. 땅은 나의 소유로 잠시 기록되어 있을지라도, 종국적으로 내 것이 아니다.

인간이 생겨나기 전에 자연은 존재했다. 살랑거리며 얼굴을 스치는 바람, 영혼을 설레게 하는 별빛, 작렬하는 태양, 만물을 잉태하고 길러내는 토양 등 이런 자연이 어찌 인간의 소유란 말인가! 우리는 숭고하고 영원한 자연에서 와서, 아주 잠시 살다가, 다시 그 자연 속으로 돌아갈 뿐이다. 죽어서까지 한 자리 차지하겠다고 하는 것은 선진국의 문턱에 살고 있는 사람으로서 염치없는 짓이다.

우리나라의 국토는 너무 비좁다. 우리의 장묘는 개별 분묘에서 납골당과 수목장 등 땅을 덜 차지하는 방식으로 차츰 바뀌어 가고 있다. 앞으로 소득이 증가할수록 더 자연친화적이며 살아있는 후손과 가까운 거리에 함께 할 수 있는 새로운 방식이 나올 것이다. 제례문화도 사회 현실을 반영하여 여러 조상님들의 제사를 한날에 모시는 등 간소화되고 있다.

옛 방식_{분묘}을 고수하는 사람들도 소득이 증가하고 의식수준이 향상됨에 따라 이런 문화도 곧 바뀔 것이다. 그러나 사설 묘지를 마치 왕릉처럼 꾸미는 사람들이 있는데, 이것은 과시욕의 발로다. 인간의 모든 과시적 행동은 결국 종족 번식을 목표로 한다. 이 경우는 과시하는 데 드는 비용과 시간보다 얻는 경제적 이득이 훨씬 크다고 생각하는 사람이다.

예전에는 자연을 훼손하면서 과시하는 것이 통했다. 그래서 우쭐한 마음에서 그렇게 했다. 하지만 앞으로 고소득 사회에서는 자연 사랑보다 과시를 더 우선시하는 사람은 사회에서 지탄받는다. 지탄받는 사람이나 자본가는 선진 사회에서 살아남을 수 없다.

특히 시대가 고령화가 될수록 장묘문화의 변화의 목소리가 커지고 있다. 2015년 통계청의 자료에 따르면, 화장 후 자연장_{수목장, 잔디장 등}이 45%로 가장 많았다. 그다음이 화장 후 봉안_{납골당, 납골묘 등} 그리고 매장_{묘지}이 꼴찌를 차지했다. **모든 연령에서 매장보다는 화장을 선호했다는 것이 변화된 장묘문화를 여실히 보여준다.**

* * *

앞으로 3만 달러 이후의 결혼문화는 어떤 모습일까?

이를 위해 우리의 실태와 선진국의 문화를 비교해보자.

프랑스는 국가 대리인인 시장과 구청장이 주례를 서는 결혼식만 법적 효력을 인정한다. 대부분 결혼식을 시청과 구청에서 하기 때문에 호텔이나 전문 예식장이 필요 없다. 신랑, 신부는 생필품 위주로 선물 리스트를 만들이 기계에 맡겨둔다. 그러면 하객들이 가세에 들러 자기 형편에 맞는 선물을 골라 사면 가게 측이 신랑 신부에게 보내준다. 일본은 하객을 양가 친척이나 중매인들로 한정해 보통 50~60명만 초대한다.

우리의 경우는 어떤가?

정년을 앞둔 어느 교장이 '가짜 청첩장'으로 축의금을 챙겨 물의를 일으키고, 최고위원을 지낸 어느 국회의원의 딸 결혼식에 축의금을 내기 위한 줄이 50m에 달했다. 또 다른 모 사장님은 아들의 재혼_{초혼이 아닌} 때에도 천여 명의 하객을 불러 호화판 호텔 결혼식을 성대히 치렀다.

이와 같이 가짜 청첩장으로 희대의 사기극을 벌이고, 사회 지도층으로서 사회의 좌표가 되어야 할 국회의원이 필부보다 못한 결혼식으로 지탄받고, 돈 많은 사업가가 아들 재혼에까지 수금을 한다. 우리의 결혼식은 이처럼 '수금 잔치'가 되어 버린 지 오래고, 하객들은 혼주의 눈도장을 받기 위해 마지못해 참석하는 경우가 대부분이다.

이와 같이 지탄받는 경우도 있지만, 아예 축의금을 받지 않거나, 받더라도 받은 축의금을 기부하는 결혼식들이 점점 더 많아지고 있다. 또한 근래 들어 유명 연예인 커플들의 소규모 결혼식 진행으로, 일반인들 사이에서도 일명 '작은 결혼식'이라는 '스몰웨딩'이 트렌드로 자리잡고 있다. 하객을 양가 친척이나 신랑, 신부의 친구 등 최소한의 주변 사람만 초대하여 치르는 것이다. 특히 허례허식을 덜어낸 대표적인 사례가 '주례 없는 결혼식'이다. 결혼식에서 주례로 시간을 보내던 예전 문화와 달리 신랑, 신부가 직접 혹은 친한 지인의 사회로만 결혼식이 진행된다.

아마도 1인당GDP 3만 달러를 넘어서면 우리의 결혼문화는 기존의 일면식만 있으면 모두 불러 과시하고, 수금을 하고, 돈보다 더 소중한 시간을 빼앗던 것에서 선진국인 프랑스와 일본처럼 차분하고 진정으로 축하받는 결혼식으로 바뀔 것이다.

과시, 수금, 시간 강탈이 아닌 남 하객과 사회를 배려하는 결혼식으로 변화할 것이다. 하객은 최소한으로 하고, 축의금도 거의 받지 않으며, 참석 하객들은 신랑과 신부의 새 출발을 진심으로 축하해주는 결혼식이 될 것이다.

우리의 전통문화는 소득이 증가함에 따라 보다 합리적이고 남을 배려할 수 있는 방향으로 간소화되어 갈 것이다. 이에 따라 이와 관련된 사업도 많은 변화를 맞을 것이다. 결혼식은 주말보다는 주중에 그리고 하객들을 최소화할 것이다. 그러므로 대형 공간의 예식장보다는 아담한 공간에서 참여한 하객들이 좀 더 긴 시간을 함께 보내게 될 것이다.

또한 결혼 후, 집들이와 아이들 돌잔치의 경우를 보자. 준비에 시간과 정성이 요구되는 집들이는 자신의 시간을 투자하기 싫어 맞벌이 등 바쁘다는 핑계로 요즘은 거의 하지 않는다. 하지만 요식업소에서 하는 아이들의 돌잔치 대체로 주말에 한다는 손님들을 초대하여 떠들썩하게 치른다. 이제는 돌잔치도 손님을 불러 남의 귀중한 시간을 뺏는 것에서, 남을 배려하여 외부 손님은 초대하지 않고 가까운 가족끼리 조촐하게 축하의 자리를 갖는 것으로 차츰 바뀌고 있다.

왜 이렇게 바뀔 수밖에 없을까?

고소득 사회가 될수록 돈보다 시간을 중요하게 여긴다. 1인당 GDP 3만 달러 사회에서 'A'라는 사람이 4인 가족의 가장으로서 혼자 벌어 가족 평균 5만 달러의 소득이라면, A는 연간 20만 달러 5만 × 4인 를 버는 사람이다. 단순히 계산하면 'A'의 시급은 대략 10만 원 100달러 = 20만 달러 ÷ (하루 8시간 × 250일) 이다. 이 사람이 어느 축하 행사에 참석하여 축의금을 10만 원을 내고, 왕복 이동시간으로 총 3시간이 소요된다면, 축의금보다 더 많은 시간 가치 30만 원 3시간 × 10만 원 을 쓰고 있는 것이다.

A는 돈과 시간을 떠나서 정말로 축하해주어야 할 자리라면 만사를 제

쳐놓고 가겠지만, 호스트가 과시나 수금 차원에서 불렀거나 A의 참석에 의미가 부여되지 않는다면 가지 않을 것이다. 호스트가 A뿐만 아니라 다른 많은 하객들을 자신의 과시나 수금 차원에서 초대했다면, 그는 과시의 일시적 기쁨이나 몇 푼 수금을 위해서 하객들로부터 그 돈보다 몇 배 크거나, 아니 돈으로 따질 수 없는 시간을 뺏는 사람이라고 지탄받는다. 이러한 호스트는 남을 배려할 줄 모르는 사람으로 인식되어, 잠시의 우쭐함이나 수금한 돈보다 더 큰 사회적 관계를 잃는다.

* * *

우리 사회도 이제 소득수준이 향상됨에 따라 체면, 명분, 허세보다는 실리와 실질을 추구하게 될 것이다. 그중에 지금도 가장 많이 바뀌고 있는 문화가 바로 회식이다.

"한국인들은 모이면 마시고, 취하면 싸우고, 헤어진 후 다음날 다시 만나 웃고 함께 일한다. 한국에서 성공하기 위해서는 이런 한국의 음주문화에 익숙해져야 한다."

주한 외국 상공인들이 한국인의 음주문화를 지적한 말이다. 강압적인 술 권유, 폭탄주, 잔 돌리기, 2~3차로 이어지는 회식 자리 등이 바로 외국인들이 이해하기 어려우면서도 세계적으로 찾아보기 힘든 우리나라만의 독특한 음주문화다.

직원을 대상으로 실시한 회식에 대한 설문 조사에 따르면, 가장 선호하는 회식 유형은 영화, 연극, 뮤지컬을 즐기는 '문화형 회식'이었다. 그에 반해 가장 싫어하는 회식 유형에는 1~3차로 이어지는 회식과 폭탄주와 술잔 돌리기 등 과격한 음주였다.

직장생활의 꽃이라 불리는 회식! 지금까지는 음주가무를 즐기며 술로 시작해 술로 마무리하는 회식이 주를 이루었지만, 최근에는 술이 아닌 다양한 방법으로 변화하고 있다.

요즘에는 2차, 3차로 늘어져 다음날 업무에 지장을 줄 수 있는 저녁회식이 아닌, 짧지만 알차게 즐기는 점심회식이 인기다. 점심회식은 술자리가 아닌 식사 자리이기 때문에 누구나 부담 없이 참여할 수 있고, 개인 스케줄의 영향을 덜 받아 직원들의 참석률이 높다. 더불어 회식을 점심에 진행하게 되면 저녁시간이 확보되어 좀 더 자유롭게 직원들이 자신의 생활을 영유할 수 있다.

최고의 회식 트렌드로 급부상 중인 것이 문화회식이다. '모두가 함께 즐기는 것이 회식'이라는 모토 아래 많은 회사들이 문화회식을 선호하고 있다. 단체로 영화를 관람하거나 연극, 뮤지컬 등을 감상하는 것으로 문화활동을 즐기는 동시에 회식을 진행한다. 매일매일 야근에 치여 문화생활을 접하기 어려웠던 직장인들에게 문화회식은 가뭄의 단비와 같이 반갑다. 또한 함께 즐기고 경험함으로써 협동심과 더불어 친목도 톡톡히 쌓을 수 있는 레포츠회식은 '건강한 회식'으로 주목받고 있다. 캠핑이나 글램핑 역시 레포츠회식의 새로운 활동으로 꼽힌다.

술자리 도중에 자리를 뜨는 것은 예의가 아니라고 생각하는 우리나라와는 다르게, 일본은 술자리 도중에 자리를 뜨는 것이 결례가 아니다. 실질적으로 술자리를 거절한 것이 아니라, 참석한 것이기 때문에 본인의 예의를 다했다고 생각한다. 그래서 한국과는 다르게 일본에서는 2차, 3차로 가는 음주문화가 거의 없다.

이렇듯 명분, 체면, 허세를 중시하는 한국인에 비해, 고소득 국가인 일본은 실리와 실질을 더 추구한다. 일본에서는 변호사가 고급 승용차를 몰면 망한다고 한다. 일본 변호사들은 첫째 사무실과 승용차는 가능한 한 소박하게 한다. 의뢰인 입장에서 변호사의 화려한 면모를 보게 되면, 자기가 지나친 수임료에 바가지를 썼다고 생각한다는 것이다.

둘째, 극적으로 결과를 뒤집으려 하지 않는다. 관계를 과시하는 등으로 술수를 부린다는 평판이 퍼져 고립된다는 것이다. 그래서 판·검사들이 퇴직 후에 개업해도 재미를 보지 못한다고 한다.

이에 비해 현재 한국 변호사들은 최고급 세단을 리스하고 사무실도 넓고 화려하게 꾸민다. 그러나 향후 우리도 일본처럼 허세보다는 실속을 따지는 높아진 소비자의뢰인 수준에 맞추어야 하고, 변호사 자신도 실리를 따를 수밖에 없으며, 전직 판·검사 출신은 조직에서 밀린 사람으로 인식되어 전관예우도 없어질 것이다.

한국에서 못살아서 무지하던 옛날의 군사정권 시절에는 군 예편장교들의 기세가 당당했으나, 언제부턴가 예편하면 밀려난 것으로 인식되는 것처럼 말이다.

한국에서 팔린 승용차 중 경형1천cc 미만 및 소형1천~1천 600cc 미만은 17%

정도2012년 17.3%, 2014년 13.7%에 불과하다. 우리보다 소득수준이 높은 일본만 해도 그 비율이 40.9%2014년이며 유럽은 더 높은 곳도 많다. 중고차의 경우도 마찬가지로 우리는 유럽 등 선진국에 비해 신차를 선호해서 중고차 가격이 상대적으로 매우 낮다. 결혼의 경우, 재혼시장도 마찬가지다. 한국의 재혼 남성들은 유난히 처녀를 밝히나 선진국은 그렇지 않다.

고소득 선진 사회가 되어 체면과 허세보다는 실리와 실속을 챙기게 되면 소형차, 중고차, 재혼 여성의 선호 비율이 선진국처럼 높아질 것이다.

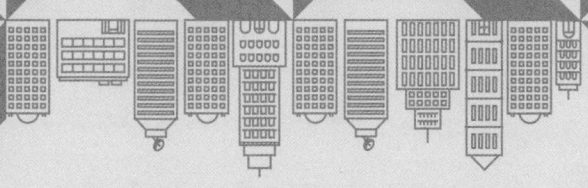

CHAPTER 07

배려의식과 교육

소득수준에 따라 교육도 변한다

교육은 사람들의 지적 능력과 의식수준을 높여, 더 많은 소득을 얻게 한다. 달리 말하면 교육수준, 의식수준, 소득수준은 비례한다.

여기에 부모가 교육을 못 받아 가난하면, 부모의 가난은 그 자녀 세대의 부실한 교육을 가져오고, 그 자녀 또한 가난하게 되는 '가난의 대물림'이라는 '빈곤의 악순환'을 낳는다. 이처럼 교육은 당대뿐만 아니라 미래 세대의 소득과 의식에까지 영향을 미친다.

교육이 자신과 후세의 삶에 어떤 영향을 미치는지 살펴보자.

미국 연방통계청에 따르면 전문대학, 4년제 대학, 대학원 졸업자들을 대상으로 한 취업과 소득 실태 조사에서 소득이 석사, 학사, 전문대 수료

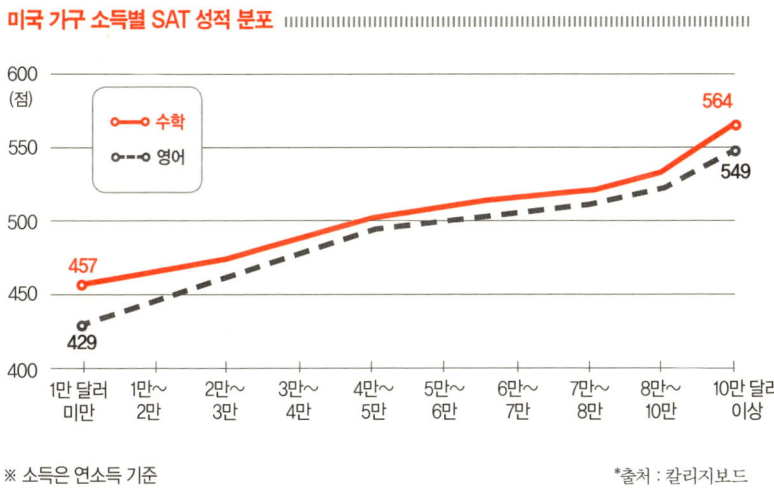

미국 가구 소득별 SAT 성적 분포

※ 소득은 연소득 기준   *출처 : 칼리지보드

자 순으로 학력과 직결된 것으로 나타났다. 그리고 풀타임 취업자의 소득 실태를 보면 첫 연봉으로 전문대 졸업자는 4만 달러, 학사 소지자는 5만 달러, 석사 소지자는 6만 5천 달러를 각각 받아 큰 차이를 보였다. 이처럼 교육 학력 수준이 높을수록 소득수준도 높은 통계가 나왔다.

부모의 소득과 학력은 자녀교육에 영향을 미친다. 미국 SAT 성적은 부모 소득 순서이며, 연소득이 1만 달러 늘어나면 영어는 평균 13.3점, 수학은 11.8점이 높아졌다.

2006년 미국 대학위원회 칼리지보드 College Board 가 공개한 〈SAT 성적 보고서〉에 따르면 응시생의 집안 소득이 높을수록 SAT 성적도 따라서 높은 것으로 밝혀졌다. 연소득이 10만 달러를 넘는 가정의 수험생들 영어와 수학 평균 점수는 각각 549점과 564점이었고, 1만 달러 미만인 가

| CHAPTER 07_ 배려의식과 교육 | 115

정의 수험생들 평균 점수는 각각 429점과 457점에 불과했다. 가구당 소득 증감과 점수 등락이 거의 정비례하는 것으로 나타났다. 고소득 가정일수록 대체로 부모들의 학력이 높았다. **미국에서도 '성적은 부자 순'이라는 사실이 통계적으로 증명된 셈이다.**

이제는 진부한 얘기일지 모르지만 한국의 경우도 마찬가지다. 고소득 가정의 학생이 저소득 가정의 학생보다 명문대에 진학할 확률이 9배가량 높고, 좋은 직장에 취업해 높은 소득을 얻고 행복수준도 더 높다. 전자가 후자에 비해 국내 상위 1~10위 대학에 진학한 비율은 7.4%로 저소득 가정 학생의 진학률 0.9%보다 8.6배 높았다. 자녀가 성장해 고소득층이 되는 비율은 전자가 24.7% 후자가 14.7%이었다.

또한 부모의 경제력은 자녀가 느끼는 행복수준에도 영향을 미쳤다. 2013년 설문에서 '현재 행복합니까'라는 질문에 '예'라고 답한 비율은 '가구소득 저소득-본인 저소득' 집단의 경우 66.2%였지만, '가구소득 고소득-본인 고소득' 집단은 91.3%로 나타났다.

여기에서 타고난 학습 능력IQ에서 상류층의 자녀들이 더 뛰어나서 이런 결과를 가져오는 것이 아닌가 하는 의구심이 들 수도 있다. 미국 볼티모어 시에서 연구한 결과에 의하면 여름방학을 전후하여 초등학생들을 평가한 결과가 있다.

방학 전에는 빈곤층 학생들이 상류층에 비해 성적이 더 좋았다. 하지만 방학이 끝나고 나서는 그 반대로 상류층 학생들의 성적이 월등하게 높아졌다. 부모가 아이의 학업을 위하여 많은 것을 배려한 상류층 아이들과 그렇지 못한 빈곤층 아이들이, 긴 방학 동안을 어떻게 보냈는가 차이가 성적의 차이를 가져온다는 것이다.

고소득 가정일수록 부모의 학력이 높다. 이와 같이 부모가 받은 교육이 부모의 소득을 결정하고, 고소득 부모들은 자녀들을 위한 배려의식과 교육비 투자 능력이 높다. 당연히 장래 아이의 소득수준을 좌우할 자녀교육을 결정하게 된다.

일반적으로 명문고나 명문대에 가려면 비싼 사교육비를 지불해야만 한다. 부모가 자녀교육에 대한 희망과 열의가 있더라도 사교육비를 감당할 수 있는 소득수준이 안 되면 특목고나 명문대 진학에 매우 불리하다. 너무 가난해서 대학 진학을 아예 포기해야 하는 경우도 있다.

장학금 제도도 선진국과 후진국은 근본적인 차이를 보인다. 대학을 다니며 힘들게 아르바이트로 돈을 벌어야 하는 학생은 그만큼 학업에 집중하는 게 쉽지는 않다. 반대로 집안이 비교적 여유가 있어 오직 학업에만 매달릴 수 있는 학생은 성적을 올리는 데도 그만큼 유리하다. 고려대학교의 성적장학금 폐지도 이런 논리에 근거하고 있다.

고려대학교는 2017년부터 성적장학금을 폐지하고 저소득층 학생들을 위해 '소득'에 따라 장학금을 제공한다. 개편안에 따르면 학생 자치활동을 지원하는 자유장학금, 소득에 기반을 둔 정의장학금, 그리고 학업 프로그램 관련 진리장학금 등 세 가지로 나누어 지급한다. 또한 기초생활수급자에게는 특별 생활지원금까지 지원한다.

이러한 추세는 미국의 아이비리그라고 불리는 하버드, 예일, 프린스턴 대학의 장학금 지급 방식이다. 매스컴에 하버드, 예일, 프린스턴 대학에 전액 장학금으로 입학했다는 뉴스가 올라온다. 이런 뉴스를 접하면 1등을 했거나 엄청나게 우수한 성적으로 들어가서 전액 장학금을 받았다고 생각한다. 하지만 하버드, 예일, 프린스턴 대학에는 성적장학금이 없다. 처음부터 점수화된 입학 성적이 없는 포괄적 입학사정을 하기 때문이다.

하버드, 예일, 프린스턴 대학에서 주는 장학금은 소득에 따라 정해지는, FA라고 부르는 학자금 보조Financial Aid다. 대학 지원서를 접수할 때, 가정 수입이나 여러 가지 상황을 적는 CSS라는 서류가 따로 있다. 학비를 지원해주는 부모님의 소득과 재산은 얼마인지 등 재정 상황을 기입하는 것이다. 현재 다른 형제자매가 대학을 다니고 있다거나, 부모가 부양해야 할 가족이 많다거나, 빚이 얼마인지 등의 부가적인 상황도 꼼꼼하게 적어야 한다.

이렇게 자세하게 서류를 작성하고 증빙 자료를 첨부하면 학교에서 서류를 검토한 후에 합격통지서와 함께 학생 개인이 부담해야 할 학비를 정해서 알려준다. 가정 소득이 적고 상황이 너무 좋지 않다고 판단되는 학생들은 학비를 전혀 내지 않을 뿐만 아니라, 따로 지원금이 나오기도 한다. 반대로 학비를 내는 데 전혀 무리가 없는 집안의 학생들은 세계적인 천재라 할지라도 등록금을 모두 내고 다녀야 한다. 한국 대학과는 근본적으로 차이가 있다.

그래서 미국 학생들은 가정 형편이 어렵다는 이유로 대학을 포기하는 경우가 거의 없다. 가정 형편이 어렵지만 하버드, 예일, 프린스턴 대학에

합격하면 당연히 장학금을 받고 다닌다고 생각한다. 앞으로 우리나라도 고려대학교가 성적장학금 폐지를 처음 시작했지만, 이미 상당수의 대학들이 성적장학금을 축소하고 소득 수준에 따른 장학금을 확대하고 있다.

* * *

다음은 어느 대학의 강의를 받는 모습이다.

학생들은 모두 조용히 앉아서 받아쓰기에 여념이 없고, 강의 중에 질문도 하지 않는다. 강의가 끝난 뒤, 교수가 학생들에게 물었다.

"그렇게 노트에다 적는데, 그걸로 뭘 할 거지?"

"예, 이걸로 공부하죠. 시험을 봐야 하니까요."

"강의 중에 질문하라고 했는데, 왜 질문을 안 하지?"

"강의 도중에 제가 질문하면, 나중에 모두들 저에게 이렇게 말합니다. 왜 귀중한 강의시간을 낭비하게 하는 거야? 우리는 뭔가를 배우려고 하는데, 왜 네가 질문을 해서 강의를 중단시키지?"

한국의 50~60대들은 어디선가 많이 보았던 광경이다. 한국의 50~60대들이 1970년대와 80년대 자신들이 대학에서 강의를 받던 장면과 똑같음을 떠올릴 것이다. 그러나 위의 모습은 1950년대 브라질의 어느 대학에서, 미국의 파인만_{노벨물리학상 수상자} 교수가 브라질에 가서 강의했을 당시에 브라질 학생들의 물리학 수업 장면을 기술한 것이다.

| CHAPTER 07_ 배려의식과 교육 | 119

소득이 증가함에 따라 역으로 한국의 학생 수는 감소했다. 그러나 한국 학생 수가 OECD 평균에 비해서 많은 것은 한국의 1인당GDP가 OECD 평균 소득에 비해 낮기 때문이다. 한국의 소득이 OECD 평균 소득에 가까울수록 학생 수도 근접할 것이다.

표의 자료들은 교육수준에 비례하여 지식 및 의식수준과 소득수준이 달라지며, 이렇게 결정된 개인의 소득수준에 따라서 수명, 자녀의 성적, 자녀의 소득 가난의 대물림까지 비례하며, 국가의 소득수준에 따라 강의 현장과 학생 수까지도 달라짐을 보여준다. 2016년 서울시의 학급당 학생 수는 23.4명으로 2008년에 비해 더 줄어들었고, 2016년 1인당GDP는 27,633달러였다.

그렇다면 소득수준이 높아지면 왕따와 촌지가 사라질까?

소득과 초등학교 학급당 학생 수 추이

년도	1960	1970	1980	1990	2000	2008	2016
초등교 학급당 학생 수(명)	?*	62.1	51.5	41.4	35.8	29.2	23.4
1인당GDP (달러)**	79	254	1,750	6,415	11,353	19,500	27,633

* 1960년 통계는 없으나 서울에서는 100명씩인 경우도 있었다.
** 한국교육개발원의 학생 수 추이에 소득수준을 비교하여 반영했다.

소득수준에 따라서 달라지는 것은 학생 수와 수업 방식만이 아니다. 의식수준까지도 달라지기 때문에 학생들의 질서의식과 배려의식도 다르다. 선진국의 학교에서는 약자를 배려하므로 '왕따'가 없지만, 후진국의 학교에서는 배려는커녕 기초적인 공중질서도 지키지 않는다. 한국은 현재 왕따로 학생들이 자살하는 사태까지 벌어져 심각한 사회 문제가 되고 있다. 그 행태와 용어도 '왕따에서부터 빵셔틀, 버스셔틀, 가방셔틀'까지 다양하다.

과연 한국에서 왕따가 사라질 것이며, 사라진다면 언제쯤일까?

1인당GDP 3만 달러가 넘는 선진국에서는 약자를 괴롭히는 행동은 엄격히 제재하고 약자를 배려하므로, 왕따를 거의 찾아볼 수 없다. 몇 년 후면 한국은 약자에 대한 배려의식이 싹트는 3만 달러에 진입할 것이다. 시계를 거꾸로 돌려보면 미국에서도 소득이 지금보다 낮은 시절에는 왕따가 있었다. 1970년대 1978년 미국 1인당GDP 1만 달러 진입 미국에서 오바마 대통령도 집단적인 괴롭힘을 당했었다고 고백하고 있다.

미국이나 캐나다 같은 고소득 나라에서 왕따가 없는 것처럼, 한국에서도 아이들을 사립학교에 보내는 부모들은 왕따 걱정은 거의 하지 않는다. 비싼 학비가 드는 우리나라의 사립학교는 우리가 소득수준이 높아졌을 때, 한국 학교의 미래상을 보여주고 있다.

마찬가지로 촌지도 3만 달러가 되는 시점에서는 거의 사라질 것이다. 캐나다에 초·중학생을 유학 보낸 학부모가 한국에서 예전에 하던 방식대로 선생님을 찾아뵙고 촌지를 드리려고 면담 요청을 했다. 그런데 아이가 문제없이 잘 생활하고 있는데 왜 면담요청을 하느냐고, 오히려 반문하더라는 것이다.

또한 우리 교육계에서 도입하려고 하는 교원평가제와 2016년 도입된 김영란법은 왕따와 촌지의 추방에 긍정적인 효과를 가져올 것이다.

이처럼 아이들의 학교생활도 소득수준과 밀접히 관련되어 있다. 그래서 수준 높은 의식을 배워야 할 미성년을 후진국에 유학을 보내는 것은 위험천만한 일이다.

실례로 2000년대 중반쯤, 필자의 지인은 딸 셋_{중학생 2명, 초등생 1명}을 후진국에 유학을 보낼 계획이었다. 당시에 그 나라는 1인당GDP 1천 7백 달러로 공중질서도 안 지키는 수준이었다. 그래서 필자는 애들이 견디기 힘들 것이므로 다시 한 번 재고해보라고 조언했다. 하지만 그는 과거에 자신이 여행사업을 할 때, 수없이 왕래해서 그 나라에 대해 잘 알고 있으므로 아무 문제없다며 유학을 보냈다.

결국 아이들은 그 나라의 수준 이하의 문화에 적응하지 못하고 6개월 만에 되돌아왔다. 필자의 지인은 그 나라의 관광지만 보았지 저소득 사회의 실체를 보지도, 생각해보지도 않았기 때문에 잘못된 결정을 내렸던 것이다.

지금은 예전에 비해 많이 개선되었지만, '교수 임용 시 본교 출신 선호 현상'은 아직도 일부 대학에 여전히 남아있다. 이는 고소득 사회에 비해 소득수준이 낮아 의식수준이 낮은 한국의 현실을 그대로 반영하고 있는 것이다. **이런 현상은 학문과 사고의 다양성을 추구하는 것이 아니라**

충성심을 강조하는 저급한 의식의 발로다.

　미국은 학부와 대학원을 동일 대학이 아닌 타 대학에 다니는 것이 보편적이다. 이는 학생들이 다양성을 확보할 수 있도록 하기 위한 방안이다. 그런데 우리는 학부부터 자기 밑에서 공부했던 사람들을 선호하며, 심지어 교수님들이 같은 동문으로서 모母 → 자子 → 손자孫子 관계를 형성하는 경우도 있다. 이런 관계가 형성되면 학문이 권력화를 이룬다는 것이 큰 문제다.

　타 대학이 아닌 동문 출신이 함께 모여서 연구하고 가르친다는 것은 '학문의 근친혼'이다. 학문 교류를 결혼에 비유하면, 고소득인 미국은 멀리서 다른 대학에서 배우자를 맞아들이는데, 한국의 경우 한집안 동일 대학에서 배우자를 얻는다. 생물학적 근친혼이 생물에 폐해를 가져오듯이, 학문의 근친혼이 무엇을 가져올 것인가는 자명하지 않는가?

　근친혼의 가장 큰 피해자는 학생들이다. 그 결과를 세계 대학 랭킹에서 한국의 대학들이 차지하는 순위가 잘 보여주고 있다. 우리나라가 1인당 GDP 3만 달러대로 증가하면 선진국처럼 학문의 근친혼도 거의 없어질 것이다.

*　*　*

　2000년 전후의 일이다. 미국에 유학 중인 한국 유학생이 미국의 명문 의과대학에 입학하고자 지원했으나 불합격됐다. 불합격한 이유가 한국에서 화제였다. 그 학생은 명문 의대에 들어가 의사가 되기 위해 오로지 죽어라 공부만 했다. 그리하여 고등학교 과정에서 최우수 성적을 받았기 때문에, 당연히 의대에 합격하리라고 생각했다. **그러나 한눈팔지 않고, 촌음을 아껴가며 공부를 했는 데도 결국 탈락했다. 그런데 탈락한 이유가 놀랍게도 '공부만 한 죄'였다.**

미국의 대학 당국은 "학생은 의사가 되길 원한다. 의사는 환자를 위해서 봉사하는 직업인데, 당신은 남을 위해 봉사활동을 하지 않았다. 봉사 정신이 없는 사람을 의대에 입학을 허락할 수 없다."라고 불합격 이유를 언급했다. 당시까지 한국의 의과 대학은 공부만 잘하면 되었지 봉사활동은 입학사정에 고려 사항이 아니었다. 이 학생은 속된 말로 한국식으로 했다가 피해를 본 경우다.

위 사건 당시 미국은 1인당 GDP 3만 달러가 넘는 선진국이었지만 한국의 1인당 GDP는 1만 달러였다. 한국은 이제 갓 '사회의식'이 싹트기 시작하였으나 미국은 약자에 대한 '배려의식'이 지배하는 사회였다.

위의 의대에 불합격한 유학생은 고소득인 미국에 비해 가난한 모국으로 인해 손해를 본, 구체적으로 더 낮은 소득수준과 의식수준의 피해자다. 이러한 피해를 당하지 않으려면 고소득 사회의 의식수준을 인지하고 대비해야 한다.

요즘 한국도 3만 달러 시대를 대비하여 학생들에게 봉사정신을 강조하기 시작했고, 그것을 대학의 입학사정에도 반영하겠다고 선언했다. 그러나 한국의 입학사정관제도의 시행은 조금 빠른 것 같다. 예능계 대학의 부정 입학, 의치대의 부정 편입학, 서울 소재 외고의 부정 입학, 근자에 밝혀진 정유라의 이대 부정입학까지 편법과 돈거래가 끊이지 않는 게 교육계 현실이다.

 이러한 추악한 사태가 되풀이된다면, 아예 공식적인 기부금입학을 도입하는 게 나을 수 있다. 엄청난 기부금을 받아 저소득 자녀에게 장학금을 제공하는 재원으로 활용하는 게 더 좋을 수 있다. 은밀한 돈거래는 학교 이사진이나 학사 관련자의 배를 불리지만, 기부금은 학교의 재원에 보탬이 되고 이것으로 형편이 어려운 학생들에게 도움을 줄 수 있을 것이다.

 앞으로 얼마간의 세월이 지난 후에 당신의 아이를 장관을 시키고 싶다면 봉사활동을 하게 하라! 무슨 뚱딴지같은 소리를 하고 있느냐고? 뚱딴지인지 아닌지 보기로 하자.

 2009년 9월, 서울대 총장 출신인 모 인사의 국무총리 청문회로 나라가 시끄러웠다. 그는 일명 6대 의혹으로 논란에 휩싸였으며 그중 병역면제, 위장전입, 논문 중복 게재 등은 본인도 위법이었음을 시인했다.

 유력한 대통령 후보로까지 거론되었던 유명인이지만 그전에, 그도 어쩔 수 없는 한국 사람이었던 것이다. 보릿고개의 배고픈 시절부터 선진국의 문턱인 1인당GDP 2만 달러 시대까지, 한국이라는 사회에서 살아온 것이다. 그도 그 시절 의식의 지배를 받지 않을 수 없었을 것이다.

 위 인사는 1940년대 후반에 태어났다. 당시에 한국은 1인당GDP 50달러대에서 출발하여 1977년에 1천 달러, 1987년대 3천 달러대에 올라섰다. 그러므로 그는 1988년 이전까지 인생 40년을 준법정신은 고사하고 자아의식조차도 형성되지 않은 시기를 산 것이다. 독재, 부정부패, 무질서, 불법 행위가 보편적인 대한민국이라는 울타리 공동체 사회 속에서 살았던 것이다. 그러나 2000년대는 1인당GDP 1만 달러 시대로 준법정신 등 사회의식을 요구하는 사회였다.

그러므로 1988년 이전의 사건들은 그 당시 국민의 의식수준이 낮았으며, 자신도 대한민국 국민의 한사람으로서 어쩔 수 없이 시류에 따라 행동했을 뿐인 피해자라고 항변을 할 수 있다. 그러나 2000년대의 논문사건은 국민의 평균 의식수준 사회의식에 기초한 준법성에도 미달하는 처사이며, 과거부터 내려오는 관행일지라도 세상의 의식이 달라졌으면 잘못된 것은 고쳤어야 했는데 그렇지 않은 것은 저급했다.

미국의 의과 대학에 불합격했던 한국 유학생처럼 그도 못살았던 시대의 피해자일 수도 있다. 당시 불법 행위가 하도 난무해 어떤 행위가 불법인지 적법인지 구분이 안 되었을 수도 있다. "장님들이 사는 세상에서 눈 뜨고 사는 사람은 미쳐 버릴 것이다."라는 말처럼 불법이 보편적인 비정상적인 세상에서 살아남기 위해서는 자신도 눈을 감고 장님처럼 살 수밖에 없었을 수도 있다.

그래서 그가 필부였다면 "왜 나만 가지고 그래." 하는 볼멘소리를 할 수 있다. 그러나 그는 국가와 국민을 위해 공복公僕 중에서도 우두머리로 봉사하겠다고 나선 사람이다. 국민들은 필부와 다름없는 사람은 총리로서 부적합하다는 것이며, 시대의 피해자라는 항변은 후세대를 위해서도 더 나은 세상을 위해서도, 공직에 나서는 사람에게는 용납하지 못하겠다는 것이다.

요즘 한국의 교육 현장에서도 학생들에게 봉사활동을 적극 권유하면서 이를 평가에 반영하고 있다. 진심으로 봉사활동을 하는 경우도 있지만 점수를 따기 위해서 요식행위에 그치거나, 시간 채우기에 급급한 경우가 많다.

10~20년 후면 한국은 1인당GDP 4만 달러대로 기부와 배려의식이 지배하는 봉사는 기본 사회가 될 것이다. **20년 후 어쩌면 더 빨리, 장관 청문회에서 공직자의 봉사정신이 중요 사항이 되어 후보자의 봉사활동 여부가 검토될 수도 있다.** 학창 시절부터 요식행위가 아니고, 어려운 사람들을 진정으로 돕는 봉사를 했느냐를 고위 공직자의 자질로 요구할 수도 있다는 것이다.

지금 요식행위나 시간 채우기에 급급했다가 나중에 가서 또 다시 위의 인사처럼 '나는 시대의 피해자였다'고 항변할 것인가?

***

한국보건사회연구원의 〈2015년 한국복지패널 기초분석 보고서〉에 따르면 초등학생들의 장래 희망 풍속도가 달라지고 있다. 과거에는 과학자, 의사, 검사 등이 각광받았으나, 최근 조사에서는 문화, 예술, 스포츠 계통의 전문가가 1위로 꼽혔다.

하지만 이제는 아이들의 직업 선택이 좀 더 신중해져야 할 것 같다. 이

계통의 인기 직업인 모델이나 경기 심판 같은 직업은 10년 뒤에는 사라지게 될지도 모른다는 전망이 나오고 있기 때문이다.

2016년 스위스 다보스 포럼을 주관하는 세계경제포럼의 〈일자리의 미래〉라는 보고서에 따르면, 2016년 초등학교에 입학하는 전 세계 7살 어린이들 중 65%는 지금은 존재하지 않는 직업을 갖게 될 거라고 주장한다.

생명과학, 인공지능, 로봇 기술의 발전으로 '4차 산업혁명'이 닥쳐와 새로 생겨나는 직업도 있지만, 훨씬 많은 직업이 사라지게 된다고 예측하고 있다. 앞으로 5년 안에 사무와 제조, 예술과 미디어 분야에서 710만 개의 직업이 사라진다. 그리고 컴퓨터와 수학, 금융 분야에서 2백만 개가 늘어나 결과적으로 5백만 개의 직업군이 줄어들게 된다.

가장 타격이 큰 분야는 475만 개가 줄어드는 화이트칼라 직업군이다. 초등학생들의 인기 직업인 예술과 스포츠, 미디어 분야에서도 15만 개의 직업이 사라지게 된다.

다보스 포럼 개최에 맞춰 옥스퍼드대 연구팀도 보고서를 통해 앞으로 10년 내에 로봇이 대체할 가능성이 가장 높은 직업을 꼽았다. 모델과 심판, 법무사와 텔레마케터는 대체 확률 90~100%였다. 택시기사, 제빵사, 패스트푸드 점원은 대체 확률 80~90%였다. 반면 소방관, 성직자, 사진작가, 의사는 로봇이 대체하기 힘든 직업으로 분석됐다. 가까운 미래에 전통적인 직업이 사라지는 급격한 변화가 예상되는 만큼, 그에 따른 준비가 필요할 것이다.

미래의 직업이 달라진다면 우리 아이들의 미래를 대비하게 하는 현

미국 미래 최악의 직업

직업	선정 이유
라디오 아나운서	라디오 산업 통·폐합
보석, 귀금속 세공사	저렴한 인공보석 등장
기자 등 언론인	온라인 매체 증가
보험사 직원	인터넷 판매 급증
여행사 직원	온라인 예약 확산
공무원	민영화 추진
컴퓨터 프로그래머	아웃소싱 증가
이코노미스트	특정 전문가 선호 현상
농부, 어부	농장 통합, 경쟁 격화

*출처 : 포브스

재의 교육 시스템도 크게 달라져야 한다. 특히 미래의 일자리에 꼭 필요한 능력을 키우는 교육으로 전환해야 한다.

선대인경제연구소 소장이 지은 《일의 미래》라는 책에서는 이렇게 주장하고 있다.

"지금까지 한국의 교육은 수십 년 전 개발 시대에 형성된 틀 그대로 표준화된 교육, 매뉴얼화된 교육, 정답이 있는 교육이 중심을 이뤘다. 과거의 표준화된 작업 방식과 생산 공정에 따라 일하던 시절에는 이것이 어느 정도 유효할 수 있었다. 물론 최근으로 올수록 교육 방법과 내용이 어느 정도 달라지고 있지만, 정해진 답을 맞추는 표준화된 시험에서 높은 점수를 올리는 것이 지상목표인 사회 분위기는 달라지지 않았다. 미래 사회에 문제를 찾아 해결하고, 다른 사람들과 원활히 소통하고, 정보를 주고받고 협력하는 능력이 중요해지는 흐름과 정반대되는 교육이라 해도 과언이 아니다. 우리 교육은 아이들이 다른 친구들과 협력하고 소통하기보다는 어떻게든 다른 경쟁자를 짓밟고 시험 성적이라는 사다리를 잘 올라갈 수 있는, '시험 보는 기계'로 키우고 있다. 거의 대부분의 가정에서 막대한 사교육비를 들여 우리 아이들을 이렇게 고독하게 키우고 있다. 미래에 잘 대비하기보다는 미래에 필요한 자질을 말살시키는 교육을 경쟁적으로 하고 있는 것이다."

또한 미래학자 앨빈 토플러는 이렇게 말했다.

"한국 학생들은 미래에 필요하지 않은 지식과 존재하지도 않을 직업을 위해 하루에 15시간씩 공부하고 있다."

훌륭한 교육은 '배움이라는 전통'과 '새로운 아이디어를 시도하는 자유'가 조화될 때에 달성된다. 하지만 주입식으로 이런저런 생각을 넣어주거나, 이리저리 학생들의 생각을 바꿔줄 것이 아니라, 스스로 배우는 기회와 자유를 주어야 한다.

대전 KAIST에서 열린 제5회 아시아과학캠프ASC는 아시아 청소년들이 세계 최고 수준의 과학 연구자들의 식견과 경험을 공유하는 범아시아적 과학 행사다. 이번 ASC에 참가한 7명의 노벨상 수상자들은 '선생님의 가르침을 항상 의심하라', '숙제하지 마라', 심지어는 '선생님에게 불복종하라'고 주문했다.

그들이 한목소리로 젊은 세대에게 전한 메시지는 '스스로 의문을 던지고 문제를 만들고 그 답을 찾기 위해 고민하라'는 것이었다. 정신적인 자유와 자발성을 가지라는 이야기다. 누구에게 구속받지 않고 자기가 하고 싶은 일을 끝까지 추진할 때, 창의력을 발휘할 수 있는 좋은 문제가 나온다는 것이다.

미국 조지 부쉬 대통령의 교육정책 〈No Child Left Behind Law〉의 설계사로 불리는 다이언 라비치 씨가 부쉬 행정부 당시 만든 교육정책이 잘못됐다고 고백한 책을 썼다. 부쉬 행정부 시절, 교육부 차관이었던 라비티 씨는 《실수의 시대》라는 책에서 표준 테스트는 잘못된 교육이라면서, 자신은 남은 인생을 자신의 잘못을 바로잡는 일을 하겠다고 강조했다.

〈No Child Left Behind〉란 낙오하는 학생 없이 모든 학생을 일정수준 이상으로 끌어올린다는 교육정책이다. '어떤 아이도 뒤처져 있게 하지 않겠다'는 강한 의지가 담긴 미국 교육의 슬로건이다. 취지는 좋다. 언뜻 보면 핀란드의 교육방침과 흡사하다. 하지만 오히려 학생들의 창의력에는 독이 됐다고 비판한다.

이것이 단순히 미국의 이야기일까?

전혀 아니다. 수많은 정책에 있어 미국을 그대로 카피하고 따라가는 한국 실정은 오히려 더 심각하다. 목표가 학생들의 실력을 끌어올리는 것인데, 그 실력의 기준이 바로 획일화된 시험인 것이다. 그리고 시험 성적이 곧 실력이 되어 버린다.

결국 목표는 학생들의 시험 성적 끌어올리기다. 목표가 시험점수이다

보니, 답이란 결국 하나로 제한되어야 하고, 거기서 맞느냐 틀리느냐로 결론이 난다. 여기서 더 많이 답을 맞추는 학생은 잘하는 것이고, 그보다 답을 덜 맞춘 학생은 못하는 것이라는 평가를 내린다. 그래서 서열화가 이루어진다. 게다가 아무리 다른 분야에 뛰어난 재능이 있다고 해도 일단 누군가 정한 분야에서 뒤처지면, 공부 못하는 학생이 되어 버린다.

오직 시험 성적 순으로 매겨진 서열이, 대학을 결정하고 미래까지 결정하게 되는 것이다. 요즘 인터넷을 검색해보면 '자극 글귀'라는 것이 나온다.

"지금 공부하지 않으면 추운 날 추운 데서 일하고, 더운 날 더운 데서 일한다."

"1~3등급은 치킨을 시키고, 4~6등급은 치킨을 튀기고, 7~9등급은 배달한다."

결국, 학생들에게 있어 여러 가지 가능성보다는 특정한 분야에 하나의 정답만을 찾아야 하는 상황에 놓이게 되고, 이것은 다양한 사고의 틀을 제한하고 만다. 상황이 이렇다 보니 그 정답을 얼마나 잘 찾느냐, 얼마나 빨리 찾느냐에 초점이 맞추어진다.

"빠르고 정확하게!"

빠르고 정확하게는 사람보다 기계에 더 어울리는 말이다. 인간이 아무리 빠르고 정확하게 한다고 해도 한계가 있다. 그래서 선대인경제연구소의 선대인 소장은 인공지능이나 로봇이 가지지 못하는 인간만의 능력을 개발해야 한다고 주장한다.

동물원에서 조련사가 원하는 시점에 원하는 장소에서 춤을 춰야 하는 고래는 칭찬이 필요하다. 왜?

그 고래는 원래 춤추고 싶지 않았으니까. 하지만 넓은 바다에서 혼자 헤엄치는 자유로운 고래가 춤을 추거나 물 위로 뛰어오르는 이유는 누군가 옆에서 칭찬해서가 아니다. 바다의 고래는 그냥 춤추고 싶어서 춘다. 이들에게는 칭찬이 아니라, 아마 그들만이 들을 수 있는 음악이 필요한 거다. 그럼 알아서 춤춘다.

춤을 좋아하는 고래라도 아무 때나 춤을 추지는 않는다. 그래서 음악이 필요하다. 한국의 교육 체계에는 어떤 음악이 있을까?

현재의 교육 체계는 국영수와 같은 전통적인 학업을 좋아하는 학생들에게는 그들이 원하는 필요한 음악을 틀어주고 있다. 하지만 다른 것을 좋아하는 학생들에게는 음악을 틀어주기는 하는 걸까? 공부를 잘하면 칭찬해주려고 너무 열심히 기다리고만 있는 것은 아닐까?

<u>"무엇보다 제2의 기계 시대에서 살아남으려면 기계와 차별화되는 능력을 갖추어야 한다. 기계가 쉽게 하지 못하는 창의적인 발상, 전략적인 판단 능력, 정서적인 공감 능력, 사람과 협업할 수 있는 능력, 원활하게 커뮤니케이션할 수 있는 능력 등을 가져야 한다."</u>

교육 혁신 전문가 김지영 박사의 저서 《다섯 가지 미래 교육 코드》에서는 미래의 인재상을 완성하는 다섯 가지 키워드를 제시하고 있다.

첫째, 자기력이다. 자기 자신을 제대로 이해하고 계발할 줄 아는 능력이다.

둘째, 인간력이다. 기계력이 강해지는 미래에 기계로 대처할 수 없는 능력이다.

셋째, 창의 융합력이다. 자신의 전문뿐만 아니라 다양한 분야를 넘나들며 통섭을 통해 창의적인 문제 해결이 가능한 능력이다.

넷째, 협업력이다. 다름이 도움이 되는 경험을 많이 하여 다른 사람과 협업하여 시너지를 내는 능력이다.

다섯째, 평생 배움력이다. 자신을 계발하고 새롭게 발생하는 문제를 해결하기 위해 평생 배움을 지속하는 능력이다.

이미 인공지능은 인간의 인간의 두뇌를 넘어섰다. 영어 단어 하나를 더 외우고, 수학 올림피아드에서 수십 개의 상을 받는 것이 장차 미래에는 경쟁력이 될 수 없다.

대신 기계가 인간보다 못하는 딱 하나가 있으니 그것이 바로, '창의적 사고'다. 지금이라도 주입식 암기교육을 탈피하고 창의성을 길러주는 새로운 교육 패러다임이 절실하다. 수업시간에 언제든지 자유롭게 '왜?'라는 질문을 던지고, 사람과의 관계에 대해 배울 수 있는 교육이야말로 미래 교육의 핵심이다.

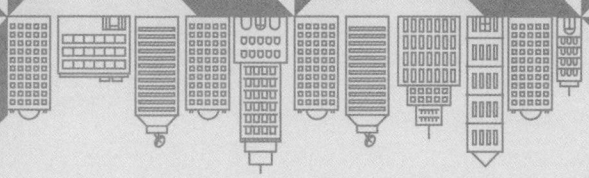

CHAPTER 08

언어, 번역, 독서

언어, 번역, 독서는 소득수준의 바로미터다

언어는 인류의 최고로 위대한 발명품이다. 소득수준에 따라 언어수준도 달라진다. 톨스토이의 소설 〈안나 카레니나〉의 한 장면이다.

"거실에서 안나 부부가 둘이서 러시아어로 얘기를 하다가 청소하는 가정부가 들어오자, 프랑스어로 바꿔서 얘기한다."

수년 전 재벌가의 아들과 결혼했던 모 탤런트가 언어로 겪었던 고충에 대한 이야기가 인구에 회자됐다. 재벌 집안의 여자들 모임에 이 탤런트가 나타나면, 대화가 한국말에서 갑자기 영어로 바뀌었다는 것이다. 그래서 영어 공부를 열심히 해서 알아듣게 되자, 이제는 소통하는 언어가 다시 제3의 외국어로 바뀌더라는 것이다.

위의 두 장면에서 언어를 바꿔서 대화를 하게 된 상황의 사실 여부를 떠나서, 안타깝지만 이것은 인간 세계의 현실이다. 소득수준과 언어는 밀접한 관련이 있다.

미국에서 실시한 언어 구사력과 소득수준의 관계에 대한 조사 결과가 주목된다. 조사를 할 당시의 미국 1인당GDP는 4만 달러였다. 그런데 언어수준에 따라 스페인어만 구사하는 사람2만 달러, 영어만 구사하는 사람4만 달러, 스페인어와 영어 둘 다 구사하는 사람6만 달러 순으로 높아졌다. **앞으로 세월이 흘러 한국이 4만 달러 시대가 되면 한국어, 영어, 중국어의 구사 능력에 따라서 소득이 달라질 수 있을 것이다.** 우리는 미국의 스페니쉬처럼 제3의 단일 언어를 구사하는 사람이 국내에 많지 않으므로 다음과 같이 예상해볼 수 있다.

20년 후 언어 구사 능력과 소득			
언어 구사 능력	한국어만 구사	한국+영어 or 한국+중국어	한국, 중국, 영어 3개 국어 구사
소득	2~3만 달러	4만 달러	5~6만 달러

언어는 소득수준이 높아짐에 따라 풍부해지고 세련되며 그 뉘앙스가 미묘해진다. 미국의 어느 조사에 따르면 회사의 재무제표에 1~2와 같은 낮은 수에 비해 8~9와 같은 높은 수가 많이 나타나면 분식회계일 가능

성이 높아진다는 것이다. 수는 낮은 수부터 시작하므로 낮은 수가 많아야 하는 것이 논리적인데, 높은 수가 더 많이 나타난다는 것은 회계 조작에 의한 거짓일 가능성이 높다. 높은 수는 거짓말을 더 많이 한다는 것이다.

또한 사람은 나이가 어릴 때는 순수한데 나이가 들어감에 따라 세상사에 적응하면서 오염되어, 비록 하얀 거짓말일지라도 거짓말을 많이 하게 된다. 그래서 신뢰를 중시하는 선진국이 될수록 자신의 이득이나 타인의 손해를 가져오는 거짓말에는 철퇴를 가한다.

숫자나 나이처럼 소득이 높아질수록 하얀 거짓말을 더 많이 한다. 또한 고소득 사회는 세상사가 복잡해지고 미묘해지니 언어의 뉘앙스도 미묘해지고 언어의 선택도 신중해진다. 그래서 선진국에서는 원어민이 아닌 사람은 변호사나 회계사 같은 컨설팅업을 하기 힘들다고 한다.

한국에서도 청소년들이 쓰는 은어는 차치하고도, 언어가 많이 변화됐다. 그 예로 '비굴하게 포기하는 것'이 → '양보'로 → '현명한 판단으로', '문둥병'이 → '나병' →'한센 병'으로 바뀌었으며, 화장실 용어도 측간 → 변소→화장실→세면장으로 바뀌었다.

안타깝지만 소득은 언어의 주종관계까지 바꾼다. 2015년 기준으로 1인당GDP에서는 포르투갈19,000달러이 브라질8,500달러에 비해 높지만, 인구는 1/19인구 : 포르투갈 1천 8십만 명, 브라질 2억 5백만 명에 불과하다.

이와 같이 엄청난 인구 차이로 인해 국내총생산에서는 포르투갈2015년 1,989억 달러은 브라질2015년 1조 7,747억 달러의 11% 수준이다. 포르투갈은 언어

종주국으로서 자존심이 상했겠지만, 경제력에 밀려 최근에 각기 서로 다른 표기법을 브라질의 것에 맞추었다.

먼 미래의 일이겠지만, 세월이 흐르면 지구상의 언어 중에서 5개만 생존할 것이라고 언어학자들은 예상한다. 더 많은 세월이 흐르면 1개 언어로 통일될지도 모르겠다.

***

"나도 모르면 후진국, 나는 알면 중진국, 남도 알면 선진국이다."라는 말이 있다. 문명이 부흥할 때에는 항상 번역이 중시됐다. 국가나 문명의 부흥 사이에는 번역과 분명한 인과관계가 있다. <u>역사에 나타난 인과관계는 번역이 독립변수요, 부흥이 종속변수였다.</u>

중국, 이슬람, 서유럽, 일본이 문명 차원의 발돋움을 한 이면에는 왕성한 번역사업이 있었다. 메이지 시대에 일본은 번역을 서구 문명을 흡수하는 수단으로 삼았다. 일본의 번역수준은 세계 최고다. 우리의 바로 옆 나라 일본을 비롯해 우리가 경쟁할 나라들은 모두 번역 강국이다. 우리가 따라잡고자 하는 미국, 영국, 일본, 프랑스, 독일 등은 거의 모든 동서양 고전을 수십 년 전부터 번역했다.

해방 이후, 우리나라 학술계에서는 번역이 일종의 청산해야 할 왜색문화로 취급되기도 했다. 번역에 대한 정부의 지원이 강화되면 번역이 하나의 산업으로도 성장할 수 있다. 항상 단군 이래 불황이라는 출판사업을 성장시킬 수 있고, 소위 인문학의 위기도 극복할 수 있다.

2016년 3월 컴퓨터와 인간의 바둑대결에서 구글의 알파고는 세계적 바둑기사인 이세돌을 이겼다. 하지만 번역에서는 2017년 2월 AI와 인간의 대결에서 인간이 완승을 거두었다. AI가 수리적인 계산이나 속도 면에서는 인간을 추월했으나, 인류의 감성과 영혼을 전달하는 데 인간을 대체하기에는 아직은 무리라는 것이 판명됐다.

그러나 언젠가는 AI가 번역에서도 우위를 보일 것이다. 이때가 오면 번역가라는 직업은 없어지겠지만, 출판문화는 획기적인 변화를 맞게 될 것이다. 중세에 인쇄술의 발전이 음유시인들의 직업을 잃게 했지만 값싼 서적의 보급으로 종교개혁과 르네상스를 가져온 것처럼, 인간보다 뛰어난 AI 번역의 등장은 인류 문명에 한 획을 긋게 될 것이다.

앞에서 저소득 국가는 자기 것도 모르지만 고소득 국가는 자기뿐만 아니라 남도 안다고 했다. 그래서 부자 나라가 되기 위해서는 남을 알기 위한 번역을 중시해야 한다고 역설하고 있다. 그러나 번역이 소득부흥의 독립변수도 되지만, 이 둘은 상호 간에 비례관계를 보이며 소득이 늘면 번역도 함께 늘어난다.

선진국이 되기 위해서는 번역사업이 발달하여 국민들 누구나가 자기 나라라는 범주를 넘어서, 수천 년 동안 다른 환경과 풍토에서 형성된 외국의 특이한 사상과 문화를 쉽게 접하여 새로운 문물을 창출할 수 있게 해야 한다.

※ ※ ※

"나는 세계 여러 지역과 나라들을 여행하면서 크게 느낀 바가 있었다. 왜 영국, 프랑스, 독일, 미국, 일본이 선진 국가가 되고 세계를 영도해가고 있는가. 그 나라의 국민들 80% 이상은 100년 이상에 걸쳐 독서를 한 나라들이다. 이탈리아, 스페인, 포르투갈, 러시아 등은 그 과정을 밟지 못했다. 아프리카는 물론 동남아시아나 중남미에 가도 독서를 즐기는 국민적 현상을 볼 수가 없다. 나는 우리 50대 이상의 어른들이 독서를 즐기는 모습을 후대에게 보여주는 일이 무엇보다도 중요하며 시급하다고 믿고 있다. 그것이 우리들 자신의 행복인 동시에 우리나라를 선진국으로 진입, 유도하는 애국의 길이라고 확신한다."

한국 철학의 대부, 김형석 교수가 쓴 《백년을 살아보니》의 서문에 나오는 글이다.

독서는 책을 통해 다른 사람의 사고와 지식을 접하고 간접경험을 하게 한다. 개인이든 국가든 부자가 되려면 개방과 관용으로 문을 열고 다른 인종, 다른 사고, 다른 문화를 받아들여야 한다. 책을 통해서나마 이런 것들을 받아들인 사람들이 그렇지 못한 사람들에 비해 더 많은 소득을 얻는 게 당연한 것 아니겠는가?

번역만큼 독서가 중요한 데도 우리의 현실은 책이 안 팔려서 출판사업이 힘들다고 아우성이다. 이것은 개인으로부터 국가까지 소득수준과 독서수준은 비례함을 감안하면 당연하다. 한국의 독서수준은 선진국과 후진국 중간에 있다. 소득수준이 높아질수록 독서량이 많아지므로 번역을 포함한 독서사업은 번창하게 된다.

그러므로 우리도 1인당GDP 3만 달러 시대에는 일본 등 다른 선진국들처럼 책을 많이 읽게 될 것이고 출판사업도 성장하게 될 것이다. 그리고 날로 발전하는 전자문화를 감안하여 온라인 독자층을 배려한 독서사업도 주시해야 할 것이다.

또한 직급, 학력, 소득이 높은 직장인일수록 책을 많이 읽는다는 조사 결과가 있다. 학력별 독서량은 고졸 8.1권, 대졸 12.8권, 대학원졸 17.9권으로 학력이 높을수록 많았다. 특히 월평균 소득이 250만 원 미만인 직장인은 평균 13.5권을 읽은 반면 550만 원 이상은 16.8권을 읽어, 소득과 독서량 사이에 깊은 상관관계가 있음이 밝혀졌다.

이처럼 독서량과 소득수준은 정의 상관관계를 갖으며 소득수준이 높을수록 독서량이 많다. 교육수준과 소득수준이 비례하는 것처럼, 독서량과 소득수준의 관계도 마찬가지다. 교육과 독서는 지식을 발달시킬 뿐만 아니라 의식수준을 향상시킨다. 교육과 독서가 지식과 의식수준은 물론 소득까지 향상시키는 것이다.

잘사는 나라일수록 독서량이 많으며, 못사는 나라일수록 독서량이 적다. 한국과 가까운 일본을 비교해보면, 일본의 경우는 전철 안의 승객이나 조그만 식당에서 혼자 저녁식사를 해결하는 사람들은 대부분 무엇인가를 읽고 있다. 이에 비해 한국은 전철 안에서 책을 읽는 사람보다, 휴대폰만 바라보는 사람의 숫자가 훨씬 많다.

한국 식당에서 혼자 식사하는 경우에도 사람들은 대부분 책을 보지 않는다. 한국에 비해 잘사는 일본은 자투리시간까지 활용하여 독서에 열중이다. 하루 30분 정도의 자투리시간을 활용해서 독서를 하면 1년이면 10권 가까이 책을 읽을 수 있다. 하루 30분씩을 투자하면 일 년이면 중급 수준의 외국어를 마스터할 수 있고, 취미 수준의 악기를 배울 수 있는 충분한 시간이다.

보통 사람이 하루에 화장실에 머무는 시간이 대략 30분이다. 화장실에 책 한 권을 두면 한 달에 두 권 정도 읽을 수 있다. 어느 명문 대학 수석 합격생은 역사, 사회 등은 대부분 화장실에서 공부했다고 밝혔다. 아침이나 잠자리에 들기 전 30분이면 일 년 동안 성경을 통독할 수 있다. 불교 경전도 마찬가지다.

세계적인 휴양지인 몰디브에는 세계 각국에서 휴가를 온다. 이 휴양지에서 선진국에서 온 휴가객들은 휴가 중에 독서에 열중이다. 그러나 후진국에서 온 사람들은 대체로 독서와는 거리가 멀다.

또한 부자들은 대체로 독서량이 많다. 세계적인 갑부인 빌 게이츠도 휴가 때면 외부와 연락을 단절한 채 독서 삼매경에 빠진다. 워런 버핏은 "나이가 들어서도 손에서 책을 놓아본 적이 없으며, 자신의 독서량이 일반인들의 5배가량은 될 것이다."라고 말한 바 있다.

바람직한 독서는 어떤 것일까?

어느 분야에서 크게 성공하기 위해서는 자기의 전문 분야뿐만 아니라, 다양한 분야의 상식과 개념이 필요하다. 바닥이 넓어야 더 높은 피라미드를 만들 수 있는 것 아닌가?

그래서 요즘 학자들은 학문의 통섭을 강조한다.

자연 생태계는 끊임없이 변한다. 변화하는 자연환경에 적응하면 살아남고, 그렇지 못하면 사라진다. 절대 강자인 공룡은 환경 변화에 적응하지 못해 사라졌지만, 덩치에 있어서 공룡과는 비교도 안 되는 개미는 잘 적응한 결과 살아남았다.

우리가 활동하고 있는 사회는 자연 생태계보다 더 급변하고 있는 유기체다. 동식물의 영양실조와 편식은 기형을 낳거나 죽음에 이르게 한다. 지식과 소양의 섭취도 마찬가지다. 아예 독서를 않거나 어느 한쪽으로 치우친 독서 독서 편식 는 '동굴의 우상'에 빠져 올바른 가치 판단을 못하게 한다.

우리 사회는 유기체며 개방된 복잡한 시스템인데도, 동굴의 우상은 우리 사회를 단순하게 생각하게 하여 우리가 의사결정이나 판단 시 오류를 낳게 한다.

실례를 하나 들어보자.

A와 B는 40대 중후반의 대학 동창생인 친구 사이로서 둘 다 경상계열을 전공했다. A는 회사에서 능력을 인정받아 승승장구하는 관리직의 임원이었다. 그는 관리 업무는 결국 사람과 관련된 업무이므로, 사람을 알기 위해서는 인간의 역사를 알아야 한다는 생각에 주로 역사서적만 탐독했다. B는 자영업을 하고 있는데 자신의 사업의 변화 방향을 파악하기 위해서는 사회 전체의 흐름을 알아야 한다고 생각해 소설부터 자연과학의

기초분야까지 책을 폭넓게 읽었다.

다음은 십여 년 전 여름, A와 B 두 사람의 향후 한국의 골프회원권의 시세가 어떻게 될 것인가에 대한 대화 내용이다.

B : 앞으로 골프회원권 가격은 하락할 수밖에 없다. 골프회원권을 파는 것이 낫다.

A : 나는 그렇게 생각하지 않는다. 골프회원권의 가격은 계속 강세를 유지할 것이다.

B : 너는 왜 그렇게 생각하는 거야?

A : 한국의 골퍼들은 골프를 즐기면서 액수가 크던 적던 돈내기를 한다. 우리 한국 사람들은 내기도박를 매우 즐긴다. 이러한 도박성향 때문에 골프의 인기는 계속 될 것이고 골프회원권의 가격도 강세를 유지할 것이다.

B : 내 생각은 1인당GDP 3만 달러 이상의 선진국에서는 골프 인기가 별로다. 그래서 선진국의 골프회원권 가격은 우리보다 훨씬 싸다. 한국도 머지않아 3만 달러대로 진입할 것이다. 그러므로 한국의 골프회원권 가격도 선진국처럼 떨어질 수밖에 없다.

정반대인 두 사람의 예상은 어떻게 됐을까?

그후 1년도 채 되지 않아서 골프회원권의 가격은 폭락하여 반 토막이 났다. 무엇이 서로 다른 예상을 하게 했을까?

A는 이렇게 예상했다.

'역사적 관점에서 볼 때 민족마다 기질이 있으며, 한국 사람들의 내기도박 성향은 변하지 않을 것이다.'

반면에 B는 이렇게 예상했다.

'사회를 유기체적인 관점에서 선진국 사람들의 소득 변화에 따른 의식 변화에 주목해보자. 민족의 성향도 소득이 향상되면 바뀐다. 볼링도 한때는 인기가 좋았으나 이제는 형편없다. 골프도 마찬가지 일 것이다.'

베이컨의 우상론의 관점에서 볼 때, A는 역사에 심취한 결과 깊은 동굴의 우상에 빠져서 밖전체을 보지 못했으며, B는 지식의 심도는 얕지만 다양한 분야의 책을 두루 섭렵해 동굴의 우상으로부터 자유롭게 밖전체을 보았다. 그 결과로 B는 소유하고 있던 골프회원권을 처분하여 재산을 보전하였지만, A는 골프회원권을 추가로 구입해서 큰 손실을 보게 된 것이다.

독서의 편식은 편향된 판단 근거를 제시하여 그릇된 판단에 이르게 한다. 반면에 폭넓은 독서는 의식사고의 유연성을 가져온다. 다양한 분야의 독서를 통해 자기의 지식 체계를 확장하고, 더 넓은 세계관을 만들어 다가오는 미래를 대비해야 하겠다.

CHAPTER 09

종교와 행복

소득과 행복은 비례하고, 신앙은 반비례한다

사람들의 소득수준이 높아지면 행복수준도 높아지지만, 신앙심종교은 낮아진다. 반대로 소득수준이 낮아지면 행복수준도 낮아지나, 신앙심은 높아진다. 소득과 행복은 비례관계를 보이지만, 소득과 종교는 반비례관계를 갖는다. 이는 날씨와 소금장수와 우산장수의 관계와 유사하다날씨 = 소득, 소금장수 = 행복, 우산장수 = 종교.

- 해가 떠 날씨가 좋으면 소금이 잘 팔려 소금장수가 웃듯이, 소득이 증가하면 행복이 증가한다. 그러나 이때 우산장수는 우산이 안 팔려 울상인 것처럼, 소득이 증가하면 종교는 신도가 줄어든다.

- 비가 와 날씨가 좋지 않으면 우산이 잘 팔려 우산장수가 좋아하듯이, 소득이 감소하면 종교는 신도가 늘어난다. 반면에 소금이 안 팔려 소금장수가 울상인 것처럼, 소득이 감소하면 행복지수는 떨어진다.
- 날씨에 따라 소금장수가 웃으면 우산장수가 울고, 역으로 소금장수가 울면 우산장수는 웃는다. 이처럼 소득수준에 따라 행복지수가 높아지면 신앙심은 낮아지고, 반대로 행복지수가 낮아지면 신앙심은 높아진다.

날씨, 소금장수, 우산장수 셋 모두의 관계가 함께 좋아질 수는 없듯이 소득, 행복, 종교가 같은 방향의 길을 갈 수는 없다.

소득과 행복의 관계를 먼저 살펴보자.

워튼스쿨의 경제학 교수인 스티븐슨과 울퍼스는 〈돈으로 행복을 살 수 있다〉라는 연구 결과를 발표했다.

돈 많은 나라 국민들이 행복하고, 그중에서도 돈을 많이 버는 사람일수록 더 행복하다는 것이다. 기존의 통념은 히말라야의 소국小國 부탄 같은 나라들이 각종 행복지수 조사에서 상위권을 차지한 데서 나타나듯이, "행복은 소득과 비례하지 않는다."라는 것이었다.

부탄 왕국은 1971년에 '국민총행복지수 Gross National Happiness를 도입했는데, 부탄이 불교적 가치에 기반을 둔 통치 방식을 채택하기 위해서는 GDP가 주도하는 경제정책과 결별해야 한다고 공식 선언했기 때문이다.

하지만 부탄은 2008년에야 입헌군주국이 되었고, 적어도 전통적인 GDP 기준으로는 빈국에 머물러 있는 것이 사실이다. 그러나 부탄에서 채택한 이와 같은 접근법의 영향력은 시간이 흐르며 커져 가고 있다. 국민총행복에 관한 국제 회의가 캐나다, 태국, 브라질에서 개최되었고, 지역 수준에서 국민 행복을 측정하려는 중간 규모의 프로젝트들이 지구촌 곳곳으로 퍼져 나가고 있다.

이들은 각국의 '구매력 기준 1인당 GDP'와 '삶에 대한 만족도'를 비교했다. 그 결과 미국, 노르웨이 등 소득수준이 높은 나라의 국민들은 삶에 대한 만족도가 대체로 높았다. 반면 아프가니스탄, 에티오피아 등 가난한 나라는 국민들의 만족도가 낮았다.

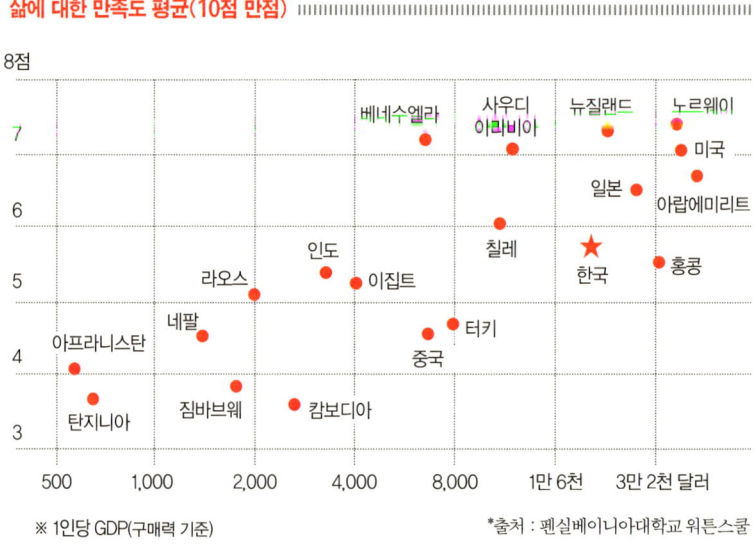

이들은 또 "한 나라 안에서도 돈 많은 사람이 더 행복하다."라고 주장했다. 한 예로 미국은 한 해 가구 소득이 25만 달러를 넘는 사람의 90%가 자신의 삶에 매우 만족했지만, 3만 달러가 안 되는 사람 중에서는 42%만이 만족한다고 답변했다.

이런 주장은 이스털린의 역설에 대한 정면 도전이다. 이스털린의 역설이란 소득이 증가해도 행복이 정체되는 현상으로, 소득이 어느 정도 높아지면 행복도가 높아지지만 일정 시점을 지나면 행복도는 더 이상 증가하지 않는다는 이론이다.

1973년 미국의 경제학자 리처드 이스털린 교수가 그의 논문에서 처음 제기했다. 이스털린은 그 근거로 바누아투, 방글라데시와 같은 가난한 나라에서 국민의 행복지수는 오히려 높고 미국, 프랑스, 영국과 같은 선진국에서는 오히려 행복지수가 낮다는 연구 결과를 제시했다.

이스털린 교수는 인터뷰에서 "부자 나라 국민이 만족도가 더 높은 경향을 보이는 것은 소득 외에 문화 차이, 의료 개선 등 여러 조건이 반영된 결과다. 소득만이 행복의 절대 기준은 될 수 없다."라고 반박했다.

위의 "소득과 행복은 비례한다.", "소득과 행복은 무관하다."라는 두 주장 중 어느 것이 타당한지 살펴보자.

사전적 정의로 행복幸福, Happiness은 욕구가 만족되어, 부족함이나 불안감을 느끼지 않고 안심해하는 심리적인 상태를 의미한다. 단, 그 상태는 극히 주관적이다.

이스털린의 역설에서 "부자 나라의 더 높은 만족도는 소득 외에 문화 차이, 의료 개선 등이 반영된 결과다."라고 했다. 이 주장은 "문화수준이 높아지면 정신적 행복을 더 느낄 수 있고, 의료가 개선되어 질병과 아픈 몸을 치료하여 육체적 고통에서 해방되고 건강을 되찾을 수 있으면 행복해진다."라는 결론에 이른다.

문화의 향상, 의료 개선 등은 돈이 없으면 해결할 수 없다. 만약 가족이 병들었을 때에 돈이 없거나, 그 사회가 빈곤해서 의료시설의 부족으로 치료를 받지 못해 생명을 잃게 되도 과연 행복하겠는가? 돈이 없어 필요한 교육을 못 받거나, 문화생활을 할 수 없는 데도 당신은 행복하겠는가?

돈이 있어야만 문화수준과 의료수준을 높일 수 있고, 높은 문화와 의료수준은 삶의 욕구를 충족시킬 수 있어 행복감을 느낀다. 그러므로 소득과 행복은 비례한다.

파이낸셜타임스는 현대인들에게 행복의 열쇠는 소득이 아니라, 자유라고 전했다. 월드 밸류 서베이 연구원인 로베르토 포아는 "현재 우리가 사는 세계가 예전에 비해 훨씬 더 행복한 이유는 선택의 자유가 있기 때문이다."라고 했다. 현대인들의 행복수준이 25년 전과 비교하면 상당히 높아졌는데, 이는 선택의 자유가 커졌기 때문이라는 주장이다.

포아는 "현재 우리가 살고 있는 세계는 분명히 자유로운 곳으로 거의 모든 나라가 민주주의를 도입했고, 소수 민족과 여성의 인권이 널리 보호받고 있으며, 인력과 아이디어 그리고 투자는 국경의 제한 없이 자유롭게 넘나들고 있다."라고 했다. 2006년에 "매우 행복하다."라고 답한 응답자는 1990년에 비해 두 배 이상 늘어났다. 1990년부터 2006년까지 전 세계의 경제는 누적적으로 62% 성장했다.

포아는 세계가 행복해지고 있다는 단서로 우선 정치적, 사회적 자유가 지난 25년간 급속히 확산됐다는 점을 들었다. 마지막으로 자유 선택과 행복 상승이 연결되어 있다는 점은 행복의 기준이 소득이 아니라, 개인적 자유와 능력임을 보여준다고 주장했다.

그러나 이것에 대해서 살펴보면 첫째, 《자유의 미래》의 저자 자카리아가 말했듯이 적정한 소득 이상이 되어야만 민주주의 도입 시 성공할 수 있으며, 또한 국제적으로 공표되는 민주주의지수 Democracy Index 는 소득 수준과 밀접한 정의 상관관계를 보여준다. 이처럼 소득의 증가 없이는 민주주의의 발전은 기대할 수 없다.

둘째, 우리 사회가 가난해지면 인신매매와 노동착취 등 항상 약자가 먼저 피해를 입게 된다. 선진국에서 보듯이 부유해지면 여성과 유아 등 사회적 약자의 인권은 물론이고 애완견 같은 동물들까지도 널리 보호를 받는다. 이처럼 소득수준에 따라 인권 보호수준도 달라진다.

셋째, 법적으로 사람과 자본의 국제적 이동을 보장하더라도 비싼 해외 이동 경비를 지불할 소득이 없으면 아무 소용이 없다.

이와 같이 **소득 없이는 자유를 얻기가 힘들어진다. 궁극적으로 행복의 열쇠는 자유가 아니라 소득이다.** 물론 돈이 행복의 전부라고 할 수는 없지만, 더 많은 소득이 더 많은 욕구를 충족시켜주고, 기아나 질병을 해소시켜줄 수 있으며, 더 많은 자유를 누리게 한다.

***

"누군가 망상에 시달리면 정신 이상이라고 한다. 다수가 망상에 시달리면 종교라고 한다."

《선과 모터사이클 관리술》를 쓴 미국의 작가 로버트 퍼시그의 말이다.

소득수준이 높아지면 신앙심은 더 약해질까? 더 강해질까? 아니면 소득과 신앙심종교은 아무 관계가 없을까?

신God과 마몬Mammon, 부의 신이 싸우면, 대체로 마몬이 이긴다. 종교의 힘이 강한 나라일수록 가난하고, 1인당GDP가 높아질수록 종교의 영향력이 줄어든다.

1인당GDP가 높은 서부 유럽에서 종교의 영향력은 대체로 약하다. 가톨릭 교회가 지배했던 스페인에서는 최근 동성 결혼을 합법화했다. 아일랜드의 성당들도 교인 수가 크게 감소해 애를 먹고 있다.

허지민 가난힌 아프리가는 징빈대 빙항으로 가고 있다. 나이지리아의 12개 주는 최근 이슬람 율법샤리아을 채택하고, 이를 강제할 경찰을 창설하고 이에 따라 기독교인들과의 갈등도 커졌다. 요르단인의 97%는 "도덕적인 사람이 되기 위해서는 반드시 신을 믿어야 한다."라고 응답했다.

그러나 터키, 쿠웨이트 등 상대적으로 부유한 중동의 국민들은 다수가 이슬람 근본주의보다 근대화를 선호한다. 중동의 부국 UAE의 두바이는 미국의 카지노 자본을 유치하려고 애쓴다. 아시아 국가들 중 이슬람 색채가 강한 인도네시아는 1인당GDP가 낮다. 종교 색이 옅은 대만, 싱가포르, 중국 등은 소득이 높거나 경제 성장 속도가 빠르다.

예외인 나라가 미국이지만 신앙인의 수가 많은 것에 비해서, 실제 이들이 지닌 신앙의 깊이는 얕다. 미국 여론조사기관인 퓨리서치센터 조사에 따르면 '종교적 소속감이 있다'고 답한 미국인은 2007년 83%에서 2014년 77%로 줄었다.

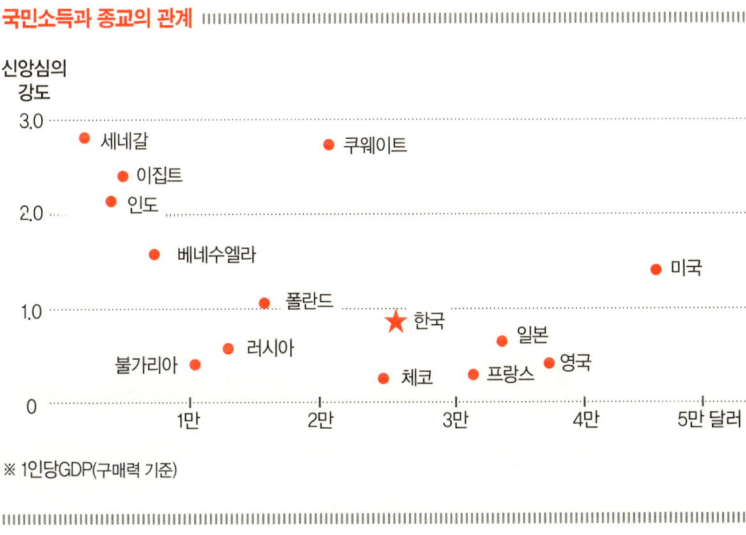

국민소득과 종교의 관계

우리나라도 소득이 증가하면서 이런 현상이 나타나고 있다. 통계청이 지난해 말 발표한 '2015 인구주택총조사'에서도 유종교율은 43.9%로 감소세를 보였다. '종교가 없다'56.1%고 답한 비율이 전체의 절반을 넘긴 것은 처음이었다.

이와 같이 소득수준의 향상은 신앙심의 약화를 가져온다. 소득수준에 따라 신앙심의 강도가 달라지는 근거들을 추가적으로 살펴보면, 한국의 한 유명 교회의 신도 수가 지속적으로 줄고 있다고 한다. 종전에 80만이 넘던 신도 수가 이제는 50만 명도 채 안 된다는 것이다.

또한 고소득 국가인 덴마크1인당GDP 1980년 13,626, 2016년 53,000달러는 종교를 가진 사람 중 신교도가 90% 이상을 차지하며 대부분의 인구가 교회의 공식적인 구성원이다. 하지만 덴마크 수도 코펜하겐의 한 교회는 예전 일요일 예배에 2,000명씩 참석했었으나, 지금은 40명 정도만이 참석한다. 코펜하겐 시민들 중 실제로 일요일에 교회에 가는 사람은 1% 정도라고 한다.

소득수준의 향상은 의식수준의 향상을 가져온다. 소득이 증가함에 따라 저소득 사회의 집단주의에서 벗어나게 된다중세 유럽의 '우리는 모두 기독교인이다'라는 주장을 소득이 증가한 지금은 하지 않는다. 그리하여 나 자신을 알고 나의 권리를 주장하는 개인적 가치, 즉 자아의식의 발현과 더 나아가 나뿐만이 아니라 너를 인정하는 사회의식이 지배하는 사회로서, 신앙 대신에 나를 찾고 너를 보살피는 세상이 된다.

소득의 증가에 따라 세상은 변했고 앞으로 더 변할 것이다. 소득의 증가로 인한 가장 큰 타격을 받은 것은 기성 교회일 것이다. 이것은 기독교 국가들이 현대에 가장 많은 소득의 증가가 있었기 때문이다. 아이러니한 '소득의 역설'이다.

가톨릭 사제들의 성 스캔들로 남미, 유럽, 미국에서 사제 친자 확인 소송이 줄 잇고 있다. 이 소송에만도 어마어마한 비용을 지출해야 할 위기에 처하자, 교황청이 사제들에게 '여성과 동거'를 허용할지 검토하고 있다고 한다.

소득의 증가는 신도뿐만 아니라 사제들의 의식에서도 많은 변화를 가져오고 있다. 미국의 제리 폴웰 목사의 주장처럼 '서비스 지향적인 종교로 소득의 증가에 따라 낮아지는 신앙심을 극복하고 성장하고 있는 것'처럼 종교 단체는 새로운 방향을 고민해야 할 것이다. 한국에서도 사람을 끌어 모으기 위해서는 신앙보다는 같은 목적과 취미를 가진 사람들끼리 서로에게 사업 등 소득 증진에 도움이 되고, 서로 만나면 즐거운 동아리 같은 커뮤니티가 형성되도록 해야 할 것이다.

또한 저소득 국가는 국민을 더 잘살게 하려면 무엇보다 국민을 종교로부터 자유롭게 해야 한다. 여기에서 핵심은 사람과 그 사회의 의식이다. 정치나 종교에서 전체주의적 사고는 개인의 인격과 창의성을 말살하고 사회에서는 사회 발전의 근간이 되는 경쟁의 부재를 낳는다.

또한 그 사회가 율법이나 교리 등을 강화하여 종교적 의식이 강해질수록 그 사회는 경제의식을 비롯한 합리적 의식과는 거리가 멀어져, 즉 의식수준이 낮아져 못살게 된다는 점이다.

공산주의가 실패한 것처럼 집단적 종교의식 강화는 사회적 광기와 국민들의 비참한 삶의 연속일 뿐이다. 거의 1,000년 전에 성지를 해방시킨다며 십자군전쟁을 일으켰던 유럽의 중세 기독교와 자살 테러와 성전을 부추기는 현대의 이슬람교는 무슨 차이가 있는가?

"기독교도인 기사가 이교도를 죽이면 예수의 명예를 드높일 수 있지만 기독교도인 기사가 죽으면 영원한 보상을 받을 것이다."라는 당시 기독교와 "우리가 신의 적에게 가하는 테러는 의무다. 이승에서의 생명은 저승에서 충분히 보상받는다."라고 하는 현재의 이슬람교는 둘 다 집단적 광기를 표출하고 있는 것이다. 이처럼 경직된 종교 사회는 예나 지금이나 민초들의 고통과 가난을 강요할 뿐이다.

우리는 어떤 사회가 종교적으로 유연해져 신앙심이 낮아질수록 경제적 발전 가능성이 높아지고, 역으로 종교적 생활을 강요할수록 경제 발전의 가능성이 낮아진다는 결론에 도달한다. 소득이 행복과는 비례하고 종교와는 반비례하므로, 여기에서 또 다른 결론은 행복지수와 신앙지수가 반비례하는 역의 상관관계를 갖는다는 것이다.

미래학자 토머스 프레이는 전 세계 대학의 절반은 20년 내 문을 닫을 거라고 예견했다. 위기의 시작은 제4차 산업혁명과 인공지능 발전이다. 미래학자들이 사라질 거라 예측한 직업에는 의사, 변호사, 기자와 함께 교수, 교사가 포함되어 있다. 또한 옥스포드 마틴 스쿨의 칼 베네딕트 프레이와 마이클 오스본 교수는 2013년에 발표한 논문에서 "향후 20년 이내에 현재 직업의 절반 47%이 사라질 것이다."라고 예측했다. **아이러니한 것은 인류가 생존하는 한 사라지지 않을 직업으로 예술가, 그리고 종교인 단 두 개의 직업을 꼽았다는 점이다.**

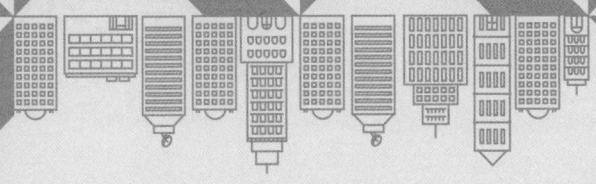

CHAPTER 10
인프라와 인센티브

소득수준의 민낯, 인프라와 인센티브

1인당GDP 3천 달러대에 진입하면 어느 국가나 사회이든 민주화 요구로 정청政情이 불안해지고, 산업계는 근로자의 권익 주장의 폭발로 파업이 급증하고, 인건비가 급등하는 등 홍역을 앓는다. 이러한 현상은 미국의 비주류인 흑인들의 인종 차별금지 요구, 한국의 민주화 요구처럼 다른 나라들도 소득수준이 향상됨에 따라 겪어야 하는 통과의례다.

또한 정부도 국민의식의 성장에 발맞추어 변하게 된다. 외국 투자기업 등에게 지금까지의 혜택을 폐지하고, 그동안 눈감아주었던 잘못된 관행의 시정을 요구하며, 새로운 규제를 부과하기도 한다. 그러므로 이런 개발 단계의 국가에 투자하는 외국 기업들은 그 사회의 급격한 변화에 선제적으로 대응해야만 낭패를 당하지 않는다.

한국도 지난 저소득 시절, 경제 개발을 위한 외국 자본의 유치를 위해 외국 투자기업들에게 호의적으로 온갖 혜택을 부여하고, 이들의 잘못된 관행도 눈감아주었다. 그러나 1987년 1인당GDP 3천 달러에 진입한 후, 한국 정부는 외국 투자기업의 잘못된 관행에 메스를 대기 시작했다. 한 가지 예로 외국 투자기업들은 한국과의 거래에서 국제 조세 관점에서 과세 문제를 안고 있었다. 그동안 아무 말이 없던 한국의 세정 당국이 1980년대 후반부터 이 잘못을 지적하고 세금을 부과하기 시작한 것이다.

또한 산업계는 근로자들의 임금 인상 요구와 파업이 봇물처럼 터지며 환경이 급변했다. 기업들은 인건비 상승과 생산 차질 등으로 경영 환경이 악화됐다. 이처럼 외국 투자기업들은 근로자들의 요구 폭증뿐만 아니라, 정부 당국의 정책 변화로 인하여 경영상 이중고를 겪게 됐다.

2008년 1인당GDP 3천 달러에 진입한 중국의 경우, 외국 기업에 대하여 세금 감면과 대출 편의 등 각종 '특혜'가 줄어들고, 부가가치세 환급 폐지와 토지사용세 부과 등 '박해'가 늘어났다. 2008년부터 노동자들의 종신고용을 유도하고, 사회보장 가입을 강제하는 각종 규제를 발효했다.

가뜩이나 원자재 값 상승과 인건비 증가로 허덕이던 한국 국적의 영세 기업들은 이러한 박해와 규제를 견디지 못하고 줄도산하여 '밤도망'하기에 이르렀다.

반면에 살아남은 다른 한쪽에서는 생산을 독려하는 구호가 요란하다. 저임금과 정부의 온갖 혜택으로 그동안 중국은 한국 영세 제조업들의 천국이었다. 너도 나도 중국으로 생산 기지를 이전하기에 바빴다. 그러나 한계기업들은 특혜가 없어지고 각종 규제가 발효되자, 더 이상 견디지 못하고 쓰러지기 시작했다.

중국에서 인건비가 상승하고 경영 여건이 어려워지자, 박해와 규제가 시행되기 전에 여기서 철수하여 인건비가 더 싼 베트남2008년 1인당GDP 1,164달러과 미얀마2008년 1인당GDP 704달러 등 동남아로 생산 기지를 이전한 한국의 중소 의류제조업들은 발 빠르게 선제적으로 대응한 결과 살아남았다. 그러나 철수 시기를 놓친 기업들은 인건비 상승 등 원가 압력으로 한계에 부딪힌 상태에서 박해와 새로운 규제라는 결정타를 맞고 줄도산할 수밖에 없었다.

그런데 베트남2016년 1인당GDP 2,200달러, 2020년 1인당GDP 3,500달러 예상, 미얀마2016년 1인당GDP 1,200달러, 2020년 1인당GDP 2,000달러 예상 등으로 옮겨간 기업들도 이들 국가가 소득수준이 상승해 1인당GDP 3천 달러에 이르면, 또 같은 상황에 처하게 될 것이다. 원가 상승에 더불어 혜택은 사라지고 새로운 규제가 강화될 수밖에 없다.

외국 투자기업들은 근로문화의 급변으로 인한 원가 압력뿐만 아니라, 수혜의 폐지와 규제 강화라는 정부의 정책 변경의 파고에 의한 추가적인 비용 부담을 염두에 두고, 이를 이겨낼 수 있도록 경영 대책을 미리부터 세워야 한다. 또한 이 같은 급격한 환경 변화를 극복할 수 없다면 조기 철수를 고려해야 할 것이다.

＊＊＊

소득은 만국공통어다. 개발도상국은 급변하는 소득수준에 따라 사회도 급변하므로, 기업이 이에 적응하고 변화하지 못하면 도태된다.

세계적으로 유명한 한국의 'A' 전자회사가 1990년대에 중국에 진출했던 세탁기사업에서 처절한 실패를 맛보았다. 당시 중국의 1인당GDP는 500~600달러 1990년대 중반 대였다. A사의 세탁기의 매출은 속된 표현으로 죽을 썼다. 이에 비해 A사에 비교해 경쟁 상대가 되지 않았던 중국의 전자회사가 생산한 세탁기는 중국의 소비자들에게 인기가 좋아 잘 팔렸다.

그 이유는 중국인들의 국산품 애용이라는 이른바 '애국심' 때문이 아니라 '전력 사정' 때문이었다. 중국은 전기 사정이 좋지 않아서 220V에 안정적이어야 할 전압이 170~270V까지 불안정하게 공급되고 있었다. 이렇게 불안정한 전력 공급을 고려하여 생산한 중국 회사들의 세탁기들은 그러한 환경에서도 고장 없이 잘 돌아갔으나, A사의 제품은 모터가 타는 등 고장이 잦았다.

어느 나라 소비자이든 고장이 잦은 세계적인 회사의 제품보다는 브랜드 명성은 없지만 고장 없이 잘 돌아가는 제품을 선호한다.

필자는 2005년 출장차 중국에 갔을 때, 베이징 인근의 규모가 큰 골프장 90홀에서 손님들과 골프를 칠 기회가 있었다. 그런데 그 골프장이 정전이어서 클럽하우스에 조명이 들어오지 않았고, 샤워장에는 따뜻한 물도 나오지 않았다. 쌀쌀한 4월 초에 바가지로 찬물을 떠서 끼얹을 때, 그 차

가뭄으로 온몸이 움츠려 들었던 기억이 생생하다.

중국은 2005년 1인당GDP 1,710달러까지, 정상적인 날씨에 골프장까지도 정전되는 수준의 나라였다. 하물며 그보다 10여 년 전 500달러 시대의 상황은 어떠하였겠는가?

진출할 지역의 소득수준을 파악했더라면, 500달러 수준의 저소득 국가임을 알았을 것이다. 이와 같이 저소득 국가는 전력 같은 사회 기반시설이 열악하다는 것을 고려하여 사업 계획을 세우고, 이에 따라 제품 생산 과정에서 불안정한 전압이 미치는 기술적인 영향을 반영했다면 이러한 손실은 피해 갈 수 있었을 것이다.

인프라란 한 국가의 항만, 도로, 철도, 전기, 가스, 공중보건에 필요한 시설과 설비 등 어떤 제품을 생산하는 데 직접 사용되지는 않지만 생산 활동에 직·간접적으로 도움을 주는 기반시설을 말한다. **그래서 장수하는 기업의 유형 중에는 인프라사업에 종사하는 기업이 많다. 인프라 사업을 고속도로에 비유한다. 자동차 회사는 망해도 고속도로에는 늘 새로운 자동차가 다니기 때문에 망하지 않기 때문이다.**

물적 인프라 외에도, 저소득 국가에서는 추가로 그 사회의 의식인적 측면도 염두에 두어야 한다. 전선의 피복을 만드는 또 다른 회사는 잦은 단전으로 엄청난 손해를 당했다. 회사가 관계 당국의 부당한 지시나 요구뇌물 등를 거부하면 전력이 끊겼다. 관계 당국의 회사를 길들이기 위한 단전 때문에 생산 라인의 피복이 굳어 버려, 이를 제거하고 조업을 재개해야 했다. 이로 인해 원재료망실, 생산중단, 납기 이행불가 등 큰 피해를 겪어야 했다.

1980년대 후반 스위스의 뫼벤픽은 한국에 진출하여 베이커리제과점사업을 벌였다. 당시 국내 토종 제과점은 방부제를 첨가하여 빵을 만들고, 이 제품을 3일 이상 최고 1주일 동안 팔았다.

그러나 뫼벤픽은 당시 한국 실정에서는 획기적으로 방부제를 넣지 않고 빵을 만든 후, 24시간만 경과하면 안 팔린 재고를 불우이웃 시설에 기부하거나 폐기처분했다.

업무차 방문했을 때 먹어본 뫼벤픽의 빵은 신선하고 맛있었으나, 가격이 국내 제과점 빵의 2~3배로 매우 비쌌다. 일부러 고가정책을 편 것도 아니다. 무방부제의 고급제품으로서 조기폐기, 고급 재료, 고급 인력 등으로 원가가 높기 때문에 구조상 어쩔 수 없이 고가로 책정될 수밖에 없었다. 한국 소비자들은 이러한 사정을 모르니, 오히려 뫼벤픽이 비싼 가격으로 바가지를 씌우고 있다고 생각했을 것이다.

결국 뫼벤픽은 심각한 매출 부진을 겪다가 영업을 접었다. 1989년 1인당 GDP가 한국은 5천 달러대였지만 스위스는 2만 7천 달러였다. 당시까지 한국은 위생에 대한 의식이 낮아서 언론에 유해식품 기사가 심심찮게 보도되던 시절이었다.

또한 한국의 소득수준으로는 그렇게 비싼 빵을 구입할 능력도 없었고, 방부제가 첨가되어 며칠씩이나 된 빵이 우리 몸에 해롭다는 위생의식 내지는 웰빙의식도 없었다. 이처럼 뫼벤픽은 한국의 저소득과 낮은 의식수준을 고려하지 않아 사업에 실패했던 것이다.

※ ※ ※

"세상에 공짜 점심은 없다."

"부자에게 점심을 사라."

이 말들은 예전부터 '부자 되기' 주제와 관련된 출판물과 강의 등에 자주 언급되는 얘기다.

전자는 미국 서부 개척 시대에 술을 마시는 사람에게 공짜 점심을 준다고 하고는 음식을 짜게 해서 술을 더 마실 수밖에 없도록 한 것에서 유래했다. 후자는 '워런 버핏과 점심 식사' 경매에서 2017년 6월에 30억 원에 낙찰됨으로써, 우리에게 '부자와 함께하는 점심의 가치'를 생각해보게 하는 계기가 됐다.

이것들의 요지는 "부자가 되고 싶다면 세상에 공짜가 없음을 명심하고, 부자에게 돈을 내고 배워라."는 말과 같다. 반대로 '세상에 공짜가 있다'라고 생각하는 사람이나 사회는 절대 부자가 될 수 없다는 얘기다. 가까운 예로 소련 등 동구권의 공동생산, 공동소유 개념의 공산주의가 왜 종말을 고했는지를 우리는 잘 알고 있지 않은가?

어떤 개인이나 사회가 부자가 되고, 무엇인가를 얻고 성취하기 위해서는 반드시 대가를 지불해야 한다. 이렇게 얻은 재산은 나의 소유로서 누구도 침범할 수 없다는 '사유재산권' 개념이 확립되어 있어야 한다.

또한 내가 열심히 일해서 성과를 내면 추가적인 인센티브(급여, 수당 등)가 부여된다는 '인센티브에 반응'하는 문화가 형성되어야 한다. 그래서 잘살고 못사는 것이 팔자, 재수, 운의 소관이 아닌 노력의 결과라는 합리적인 사고를 가져야 한다.

저소득 국가로서 이러한 공짜의식 등으로 인한 특징들을 살펴보자.

한국의 경우 1970년대 중반1975년 1인당GDP 602달러에 닭서리는 아주 재미있고 스릴을 느낄 수 있는 놀이였다. 지금의 50~60대의 중년들은 그 시절의 아련한 추억을 떠올리며 웃음 지을 것이다.

1970년대 어느 조용한 시골마을, 십대의 아이들이 저녁에 모여서 놀다가 밤이 깊어지고 배가 출출해지면 닭서리를 하러 간다. 닭을 훔쳐 오면 맛있게 끓여 먹고, 어쩌다 주인에게 붙잡히면 야단 좀 맞으면 그만이다. 그 시절에는 통용되는 낭만이었다. 닭서리뿐만이 아니다. 오이서리, 참외서리, 수박서리 등도 마찬가지였다.

그러나 지금은 이러한 행위들은 엄연한 절도로 취급된다. 또한 학창 시절 "친구끼리 네 것 내 것 어디 있느냐."라고 말하고는 했었다. 이런 것들은 옛날 그 시절에는 낭만이 깃들어 있는 장난이었지만 소득이 증가하면서 사유재산의 침해 행위가 됐다.

2002년 한·일 월드컵에서 세네갈2001년 1인당GDP 495달러의 한 국가대표 선수가 대구의 금은방에서 30만 원 상당의 목걸이를 훔친 혐의로 경찰에 입건됐다. 그는 경찰 조사에서 "호기심으로 일을 저질렀다."라고 진술한 후에 풀려났다. 그와 그가 속해 있는 사회는 "타인의 재산이 호기심 내지는 장난의 대상이 될 수 있다."라는 개념이 허용되는 즉 '사유재산 개념의 희박'이라는 의식이 지배하는 수준이라 하겠다.

2000년대 초반 나이지리아_{2000년 1인당GDP 364달러}에 진출해 사업을 하고 있는 한국의 모 기업인이 방송에 출연하여 나이지리아 사업 관련 얘기를 하던 중, 현지 종업원이 사장에게 자기 집을 수리해달라고 요구하는 장면이 소개됐다.

이 기업인은 이런 말로 사업의 애로를 토로했다.

"회사 종업원들은 회사의 공적인 업무와는 전혀 무관한 개인적인 일들까지 회사가 해결해주길 원한다. 사회 전체적으로 공公과 사私의 구분이 분명하지 않으며, 또한 납기를 맞추기 위해 추가 근무가 필요하여 잔업을 더하면 추가 수당을 준다고 해도 종업원들은 정규시간만 끝나면 근무를 하지 않는다. 즉 인센티브에 전혀 반응하지 않는다."

이와 같이 당시에 나이지리아는 '공公과 사私의 불분명'과 '인센티브에 대한 무반응' 의식이 지배하는 사회였다.

다음은 1980년대 초반 한국의 모 언론에 게재된 기사의 일부다.

1980년대 초반, 미국에 유학을 와서 부족한 학비 등에 보태기 위해 식당에서 접시닦이 아르바이트를 하며 열심히 공부하는 한국인 유학생과 일본인 유학생이 있었다. 이 유학생들이 아르바이트를 하던 식당의 주인은 두 학생이 똑같이 접시를 닦았지만, 한국 유학생보다 일본 유학생에게 시간당 더 많은 시급을 주었다.

이처럼 미국에서 같은 일을 하는 데도 한국인 유학생들보다는 일본인 유학생들에게 더 많은 급여를 지급하는 것이 그 당시 전반적인 현상이다. 이것은 못사는 나라의 설움이다. 한국이 일본에 비해 가난한 나라여서, 한국 출신 유학생들이 차별 대우를 받고 있다.

이 기사의 초점은 한국이 가난한 국가여서 아무런 이유 없이 한국인 유학생들이 차별받고 있다는 것이다. 이 내용이 합당하다면, 역으로 미국 현지 사업주들은 어느 한쪽을 근거 없이 급여를 적게 주거나 많이 주는 차별 대우를 하고 있는 것이 된다.

사업주들은 치열한 경쟁 속에서 수익을 늘리고 비용은 줄여서 더 많은 이익을 남기고자 하는데, 당시 세계 최고 고소득 국가의 하나인 미국의 사업주들이 비합리적인 경영고용을 할까? 뭔가 이상하지 않는가?

이윤을 추구하는 사업주들이 급여를 차등적으로 지급하는 것에는 합당한 이유가 있었을 것이다. 그 당시 두 나라의 1980년 1인당GDP는 한국이 1,725달러이고 일본이 9,083달러였다. 한국은 아직도 저소득 국가였으며, 일본은 제2차 세계대전 후 급속한 성장으로 미국과 유럽의 선진국과 어깨를 나란히 하는 국가였다.

일본 유학생들은 '인센티브에 대한 반응 정도'가 거의 미국인 수준으로 높았을 것이며, 한국 유학생들은 그 반응 정도가 훨씬 낮았을 것이다. 단순한 접시닦이지만 일본 유학생들이 한국 유학생들보다 더 능률적이고 효과적으로 일을 했기에 사업주들은 일본 학생에게 더 많은 급여를 지급한 것이다.

시대와 장소를 옮겨, 2000년대 한국의 산업 현장에서도 이런 현상은 마찬가지다. 조선족과 방글라데시인 등 1인당GDP 2천 달러 미만 나라의 수많은 근로자들이 식당과 제조업체 등에서 일을 하고 있다. 이 외국인 근로자들은 같은 산업 현장에서 한국 근로자들이 받는 급여의 1/2 이하의 급여를 받고 일하고 있다.

"똑같은 일을 해도, 외국인 근로자들의 생산성은 한국인 근로자들 생산성의 1/2 에도 미치지 못한다."라고 한국의 사업주들은 이야기한다. 이것은 외국인 근로자들이 전에 살았던 본국의 소득수준이 한국의 소득수준의 1/10에 불과함에 비하면, 1/2 수준의 생산성도 자명하다 못해 과분하다.

하지만 외국인 근로자들의 소득이 높아짐에 따라 생산성은 저소득인 본국 근로자들에 비해 매우 향상되었으며, 앞으로 시간이 흐를수록 격차는 더 커질 것이다.

결국 시대와 장소를 불문하고 소득수준에 따라 사유재산권 개념이나 인센티브에 대한 반응 정도는 차이가 날 수밖에 없다. "자본주의 발전에 사유재산권 개념의 확립이 필수불가결한 요소다."라는 막스 베버의 주장이나 "부와 가난을 결정하는 요소는 인센티브의 차이가 아니라 사람들이 인센티브에 어떻게 반응하는가에 달렸다."라는 그레고리 클라크의 주장에서와 같이 저소득 국가는 사유재산권 개념이 희박하고, 인센티브에 반응수준이 낮을 수밖에 없다. 그러므로 부자가 되려고 한다면 개인적이든, 국가적이든 위의 의식수준들을 높여야 한다.

CHAPTER 11

여가와 레저

볼링에서 우주여행까지, 놀이가 변한다

"금강산도 식후경이다."라는 속담이 있다. 이 속담의 뜻은 '아무리 재미있는 일이라도 배가 불러야 흥이 나고, 배고픔을 해결하는 것이 최우선'이라는 말을 비유적으로 나타낸다.

서양 경제학에서는 재미_{만족=효용}와 배고픔과 관련하여 고센의 1법칙_{한계효용체감}과 2법칙_{한계효용균등}, 엥겔의 법칙으로 설명한다. 이러한 법칙들이 의미하는 복잡한 내용이 한국의 옛 속담 한마디 속에 고스란히 녹아 있다. 세상에서 가장 큰 설움은 뭐니 뭐니 해도 '배고픔'이라 했던가? 아니 배고픔은 설움 이전에 생존의 문제다.

행복_{효용}을 주는데, 배를 채워감에 따라 음식이 주는 만족감은 점차 감소한다1법칙. 그런데 가정에서 하루 세 끼 먹는 비용은 별로 차이가 없다. 그래서 소득이 증가하더라도 식비는 크게 증가하지 않고 여타의 다른 비용의 지출이 늘어난다. 즉 소득이 증가함에 따라 엥겔계수 생계비 가운데 음식비가 차지하는 비용는 낮아진다.

소득이 증가하여 의식주를 해결하고 나면, 부른 배를 두드리며 금강산 구경 갈 생각을 하게 된다. 금강산 구경을 하고 나면 최소한 금강산 관광이 주었던 만족 이상의 재미를 줄 수 있는 다른 관광이나 오락거리를 찾는다 2법칙.

이처럼 배고픔이 해결되면 다른 만족거리를 찾게 되며, 특히 음주가무나 주색잡기 관광, 문화체험, 영적체험까지 다양한 유희를 즐기길 원한다. 그러나 의식주도 해결하기 급급한 저소득 사회에서는 국민 대다수가 레저는 꿈도 꾸지 못한다.

아무리 저소득 사회일지라도 극소수의 상위 부자들은 자기들만의 레저는 즐긴다. 어디나 극소수의 예외는 있으나 이것은 사회 전반적 레저문화와 관계가 없으므로 국민 대다수는 별 소용이 없다. 그러므로 국민들 다수가 관심을 가지고 즐길 수 있는 레저가 소득수준에 따라 어떻게 변하는지 살펴보자.

사람들이 찾는 레저는 거기에 필요한 지출을 감당할 수 있는 소득수준에 따라서 바뀌게 된다. 소득수준에 따라 놀이의 공간과 종류 기구도 바뀌며 행태 및 문화도 변한다.

소득수준이 증가함에 따라 놀이의 입체적 공간과 놀이 종류 기구가 바

놀이 공간과 대표적인 놀이 종류(기구)의 변화

소득수준 / 종류	놀이 공간	놀이 종류(기구)
1만 달러 이하	실내(도심)	볼링(공)
1만~3만 달러	실외(교외)	골프(클럽)
3만~10만 달러	강, 바다	요트(배)
10만 달러 이상	하늘(우주)	우주여행(우주선)*

*추후 우주놀이 비용(우주여행 등)의 하락 정도에 따라 그 경계가 낮아질 수도 있을 것이다.

뀐다. 공간과 기구는 경제적 부담을 요구하기 때문이다. 놀이 공간_{레저보다는 체육활동인 구기종목의 공간으로서 사용비용이 공짜인 학교 운동장과 동네 공터는 논외로 한다}은 소득 향상에 따라, 실내_{도심}→실외_{도심 밖 교외}→바다→하늘로 바뀌었거나 바뀔 것이며 차츰 멀리 나아간다. 놀이 기구 역시 볼링공→골프채→요트→우주선으로 바뀌었거나 바뀔 것이다.

1인당GDP 1만 달러 이하에서는 절대적인 빈곤에서 벗어나 먹고 사는 문제가 해결되면, 자아의식이 싹트기 시작한다. 국민의 기본권과 관련된 규제들이 하나둘씩 해제되며, 국민들은 해외여행을 비롯한 취미생활에 관심을 갖기 시작한다. 배고픔은 해결되었으나 아직은 저소득 사회로서 큰돈을 지출하기가 부담스러워 저렴한 레저를 즐긴다.

첫째, 아직은 승용차 보급율이 낮아 멀리 이동하기가 불편하므로 도심 안에서 즐길 수 있어야 한다.

둘째, 놀이 공간을 제공하는 데 많은 자본이 필요하지 않아야 한다.

셋째, 기구나 장비를 저렴한 비용에 렌트하여 사용하거나, 자신의 기구를 소유하는 데 비용이 적게 소요되어야 한다.

결국 이용자는 지불할 수 있는 비용의 제약 때문에, 감당이 가능한 저렴한 비용으로 즐길 수 있어야 한다. 놀이 제공업자는 수익성을 고려해야 하므로 상대적으로 소자본으로 시설과 장비를 갖추고 놀이를 제공할 수 있어야 한다.

볼링은 사업자가 도심실내에서 건물을 임차하여 시설레인과 기구볼를 갖추고, 이용자는 골프 등 다른 레저에 비해 저렴한 비용으로 즐길 수 있다. 국민 다수에게 재미를 주며 인기가 있던 볼링도 1인당GDP가 증가하여 사람들이 더 재미있는 레저에 관심을 가지기 시작하면 그 인기가 시들해지며 쇠락의 길로 접어든다. <u>그 변곡점은 1만 달러 전후가 되는데, 이 시점은 국민들이 골프에 관심을 보이기 시작하는 때다.</u>

이때 레저사업과 관련하여 중요한 점은 볼링과 관련된 사업을 축소하거나 철수를 고려해야 하고, 골프와 관련된 사업을 착수할 준비를 해야 한다는 것이다. 볼링에서 철수 시기를 놓치면 사업에서 낭패를 보게 된다. 한국의 경우, 볼링장 영업에 막차를 탄 사업체들이 사업에 실패하고, 그 업체들의 중고 볼링 장비들이 저소득 국가로 헐값에 수출됐다. 2000년대에 들어서부터 태국2016년 1인당GDP 6,300달러에서 유행하던 볼링이 지금은 필리핀2016년 1인당GDP 3,100달러과 베트남2016년 1인당GDP 2,200달러 볼링장에서 한국어 이름이 새겨진 볼링공을 쉽게 볼 수 있었다.

※※※

　1인당GDP 1만 달러에서 3만 달러까지의 변화를 보자.

　소득이 1만 달러에 가까워지면 실내에서 저렴하게 즐기는 볼링 등 실내 스포츠의 인기가 시들해지는 기미가 보인다. 이때 아직은 조금 이르지만, 얼마 지나지 않아 골프가 주요 레저가 되어 많은 돈을 벌 수 있으리라는 생각에 사업가들이 먼저 골프장을 짓기 시작한다.

　권불십년權不十年이요, 화무십일홍花無十日紅이라 했던가?

　소득수준이 올라가자, 볼링의 인기도 시들해진다. 그리고 사람들은 더 큰 만족을 얻을 수 있는 레저로 눈길을 돌린다. 거기에 골프가 기다리고 있다.

　1인당GDP 1만 달러에 도달하면 승용차를 소유하는 가정이 늘어나 소위 '마이카' 시대가 열린다. 이런 변화의 흐름을 재테크에 적용하면 큰 수익을 얻을 수 있다.

　만약 1990년도에 삼성화재의 주식을 사서, 2007년까지 보유를 하였다면 500배라는 엄청난 수익을 맛보았을 것이다. 1990년도 당시 인구 1,000명당 자동차 보유 수가 38대였다. 이러한 비율은 신흥국 초기의 단계를 나타내며, 이후에 마이카 시대를 맞이하게 된다. 너도 나도 마이카를 소유하기 위해 열심히 돈을 벌어서 자가용을 장만하였고, 자동차보험에 가입하였다. 자동차보험 업계 70% 이상을 점유하던 삼성화재의 주가는 고공행진을 이어가며 17년간 500배 이상 상승하였다.

골프장은 18홀 기준으로 20~30만 평의 매우 넓은 공간을 필요로 한다. 그래서 골프장은 도심보다는 땅값이 싼 교외에 위치하게 된다. 골퍼들은 골프백을 싣고서 먼 거리를 이동해야 하므로 자동차가 없으면 불편하다.

골프는 기본적으로 차량이 필요하고, 골프채도 갖추어야 하고, 비싼 비용_{한국에서 라운드비용, 18홀 기준 그린피 15만~25만 원}도 부담하여야 하므로 볼링에 비해 훨씬 높은 경제력을 요구한다.

어느 골프장의 클럽하우스에 앉아 식사하던 중년 남자가 퀴즈를 냈다. "앉아서 하는 것 가운데 가장 재미있는 것은 카지노다. 그럼 서서 하는 것 중 가장 재미있는 것은 뭘까?"

누군가 "골프!"라고 말하자, 모두들 맞다며 박수를 쳤다. 골프 마니아들의 골프 예찬의 단면이다. 이렇게 인기가 좋던 골프도 어느 시점에는 시들해지고 일부 골프장은 경영난을 호소하기 시작한다.

골프 인구가 무한정 늘어날 것 같지만 그렇지만은 않다. 사람은 보리밥을 먹다가 쌀밥을 먹게 되면 처음에는 맛있지만, 더 잘살게 되어 생활에 여유가 생기면 주식인 쌀밥도 별로라는 생각이 들게 된다. 그래서 별식에 흥미를 느껴 먹어보고 싶은 것처럼, 소득수준이 상승함에 따라 초기에 그렇게 매력적이던 골프에 식상을 느끼기 시작한다. 이에 따라 골프 인구의 증가가 초기에 비해 상대적으로 둔화되고 결국 크게 감소한다.

반면에 골프장 수는 폭발적으로 증가한다. 골프 인구가 감소하지 않더라도, 미미한 수요_{골프 인구} 증가에 비하여 매우 큰 공급_{골프장} 증가로 일부 골프장이 경영에 애로를 겪기 시작한다. 그와 더불어 골프회원권 가격은 절대적 골프 인구가 감소하기도 전에 하락하기 시작한다.

여기서 주목해야 할 대목은, 골퍼의 주요 관심사이자 재산인 골프회원권의 가격은 1인당GDP 2만 달러 이상이 되면 지속적인 하락 추세를 보인다는 점이다.

골프산업과 관련하여 과거 일본, 한국 그리고 중국의 미래를 살펴보자.

일본은 317개의 골프회원권 가격을 분석한 결과, 1990년 2월 평균 4,883만 엔에 달하던 골프회원권은 2003년 6월에는 248만 엔으로 94.3%나 떨어진 것으로 나타났다일본의 1인당GDP : 1990년 24,559달러, 2003년 33,180달러. 거의 20분의 1 토막이 난 것이다. 가격은 지속적으로 하락해 2016년 4월 기준으로 124만 엔까지 추락했다.

한국의 경우에 골프회원권 최고가 남부골프장는 2008년 4월 22억 원에서, 2017년 8월 현재 7억 원대다한국의 1인당GDP : 2008년 20,465달러, 2016년 27,633달러.

그러나 중국2016년 1인당GDP 8,261달러의 상황은 현재 다른 모습을 보이고 있다. 2017년 중국의 골프산업은 새로운 레저산업으로서 활기차게 진입하는 현황을 보여야 하나 전혀 생뚱한 모습이다.

현재의 모습은 '중국 골프산업 찬바람 쌩쌩, 왕서방 골퍼 해외서 굿샷'으로 요약된다. 2014년까지만 해도 블루오션으로 각광받던 골프업계에 찬바람이 불기 시작했다. 반면 해외 골프여행을 떠나는 중국인은 매년 증가 추세인 것으로 알려졌다.

2014년 전국 1,400여 개에 달하던 골프장이 2016년 496개로 줄어들었다. 2년 남짓한 시간 동안 65%의 골프장이 사라진 것이다. 중국 정부는 "2016년 한 해 모두 187개 골프장에 대해 영업금지 및 퇴출 등 조치를 시행했고, 나머지 496개 골프장은 보류한다."고 밝혔다.

시진핑은 2013년 정부 출범 이후에 골프는 '부패의 온상'이라며 관료를 압박하고 골프산업을 부패, 농지점유, 환경오염 등의 이유로 세금을 올리며 강한 압박을 해왔다. 언론 매체들 역시 골프산업의 부작용을 보도하기 시작했고, 정부 관료들은 '사치, 부패' 의혹을 받지 않기 위해 골프를 끊어야 했다. 고위 공무원들이 골프를 끊자, 골프회원권 가격도 하락하기 시작했다.

기존 '체육업'으로 분류되던 골프장 영업이 2015년 1월부터 '오락업'으로 변경되면서 3~5% 수준이던 골프장 영업세가 20%로 4배 이상 올랐다. 또한 골프장의 수도세, 토지세 등이 일반 세금 인상률보다 높아져 부담이 커지고 있다.

상황이 이러하므로 중국의 골프산업은 끝장난 것인가?

아마도 아닐 것이다. 소득 변화에 따른 레저 변화는 불가분의 관계다. 그러므로 머지않아 중국의 골프산업은 레저산업으로서 각광받게 될 것이다. 그래서 <u>중국 골프회원권 등 골프산업에 투자할 시점은 시진핑 정권이 끝나는 2022년 전후가 될 것이다.</u>

*　*　*

1인당GDP 3만 달러에서 10만 달러까지의 변화를 보자.

한국의 경우 2016년에 1인당GDP 2만 7천 달러가 됐다. 2만 달러 시대에 골프회원권은 재테크 측면에서 점차 매력을 잃어간다. 한국도 이미 골프의 인기가 예전만 못하지만 아직도 골프가 주요 레저다. 2015년 현재 미국, 일본, 한국의 요트 1대당 인구 수는 각각 17명미국, 368명일본, 11,700명한국으로 한국은 미국과 일본에 비해 아직 미미하나 한국도 소득이 증가함에 따라 요트 인구는 크게 늘어날 것이다.

요트를 즐기는 사람들 중에는 이런 우스갯소리가 있다.

"세상에서 두 번째로 행복한 날은 '나의 요트를 사는 날'이다. 그러면 세상에서 첫 번째로 행복한 날은? 그 답은 '나의 요트를 파는 날'이다."

요트가 여행과 스피드, 낭만과 우정, 사랑을 한꺼번에 누릴 수 있는 '생애 마지막 스포츠'라고 일컫는 선망의 레저이기에 요트를 산설히 가지고 싶어 한다. 그러나 막상 구입해놓고보니 요트의 관리가 매우 번거롭고 그 유지 및 이용에 너무 비용이 많이 들어, 빨리 처분하길 원한다는 것이다.

세상에 공짜가 어디 있던가?

햇볕이 강하면 그늘이 더 어둡고 명품, 좋은 차, 좋은 집은 구입과 유지에 많은 비용을 요구한다. 당연히 최고의 레저를 즐기려면 그 대가를 지불해야 한다. 이처럼 구입과 유지에 많은 비용을 치러야 하므로 거기에 합당한 고소득이 필수다.

2만 달러 시절은 요트 관련 산업이 활성화되기에는 아직 이르다. 물론 선점 효과를 노리고 먼저 진입할 수는 있다. 추후 3만 달러 시대는 요트의 시대가 열릴 것이고 관련 산업도 활성화될 것이다.

그럼 1인당GDP 10만 달러 이상이면 어떨까?

2016년 현재 지구상에는 1인당GDP 10만 달러 이상인 국가는 룩셈부르크가 유일하다. 전체 인구가 5백만 명인 노르웨이는 북해 유전의 발견으로 한때 10만 달러를 넘어서기도 했다. 현재 1인당GDP 5만 달러 이상의 선진 국가들은 20여 년 후면 10만 달러에 도달할 것이다.

다음은 우주여행 관련 기사다.

우주여행 대중화

2001년부터 민간인 5명이 우주관광을 즐겼다. 비용은 소유스 왕복 및 1주일간 ISS 체류 경비를 합쳐 1인당 2천만 달러, 한국 돈으로 약 186억 원이나 된다. 2009년 말 첫 우주여행을 시작할 예정인 버진 갤럭틱을 시작으로 여러 회사가 준궤도 여행을 준비 중이다.

우주여행을 전담할 '우주공항'의 건설도 박차를 가하고 있다. 2010년 미국 뉴멕시코 주에 첫 상업용 우주공항이 들어서는 것을 시작으로 싱가포르, 두바이 등도 건설을 추진 중이다.

최근 시장조사기관 푸트론은 2021년 연간 우주여행객 수가 1만 4천 명에 이르고 시장 규모는 7억 달러가 될 것으로 전망했다. 또 여행비용도 4만 달러까지 떨어질 전망이다. 퍼시 교수 등 전문가들은 "이런 추세라면 2057년에는 비용이 1만 달러 이하로 떨어질 것이다."라고 내다봤다. 1등석 비행기표 값이면 우주를 여행할 수 있다는 말이다.

위의 기사에서 우주여행은 비용이 1만 달러 이하로 떨어지는 2057년에 대중화될 것으로 예상하고 있다. 또한 시장 초기 진입은 여행비용 4만 달러, 이용객 1만 4,000명, 시장 규모 7억 달러에 2021년으로 전망하고 있다.

그러나 아마도 대중화나 초기 진입이 더 빨라질 것 같다. 대중화는 첫째, 1인당GDP 10만 달러와 둘째, 여행비용 1만 달러의 두 조건을 모두 충족시킬 때 올 것이다. 그래서 여행비용이 1인당GDP의 10% 이하로 진입하여야 할 것이다.

그러면 그때는 언제인가?

첫째 요건인 1인당GDP는 언제 10만 달러에 도달할 것인가?

예상 1인당GDP

(단위 : US달러)

	과거 성장						예상 성장		
	1992	1995	2007	2012	기간	연평균 성장율	2012	2040	연평균 성장율
룩셈부르크		5만	10만		12년	6%	-	-	-
미국	25,000			5만 1천	20년	3.5%	5만 1천	10만	2.5% (28년)

*출처 : IMF

표에서처럼 룩셈부르크의 경우 50,515달러_{1995년}에서 103,590달러_{2007년}까지 12년_{연평균 6% 성장}이 걸렸다. 룩셈부르크는 인구 50만 명 미만의 도시 국가이므로 선진국 중 하나인 인구 3억 명의 미국 등과 비교 가능성이 떨어진다고 할 수도 있다.

하지만 미국의 경우는 2만 5천_{1992년 25,493달러}에서 5만 1천_{2012년 51,433달러}까지 2배 성장하는 데 20년_{연평균 3.5% 성장}이 소요됐다. 고소득 국가로 갈수록 성장률이 둔화됨을 감안하여, 미국은 연평균 2.5%로 성장한다고 가정하면 2012년 1인당 GDP 51,433달러에서 2040년 10만 달러가 된다. 이처럼 4~5만 달러의 선진국은 2040년이면 10만 달러에 이를 것이다.

둘째, 여행비용 1만 달러는 40년 후가 아닌 25여 년 정도면 실현될 것이다. 자본주의의 속성상 미래 황금알을 낳는 산업인 우주개발과 우주산업은 치열한 경쟁을 낳을 것이고, 이 치열한 경쟁이 아득해 보이는 우주산업 관련 기술을 획기적으로 발전시키고 여행비용을 떨어뜨려, 우주여행의 대중화 시기가 앞당겨질 것 같다.

아마도 대중화는 2057년보다는 더 빠른 2040년대 초반이면 가능할 수도 있을 것이다.

또한 소수 부유층만이 즐길 수 있는 시장 초기 진입도 전망하고 있는 2021년보다는 경쟁적인 기술 개발로 인한 비용 감소로 빨라질 것 같다.

*　*　*

소득수준에 따라서 여행문화도 변한다. 인터넷의 과거 신문 DB에서 '섹스관광'을 조회해보자. '섹스관광'을 조회했을 때, 나타나는 문구들이다.

1970년대 중반 : '일본인 관광객, 동남아'
1990년대 초반 : '한국인 관광객, 동남아'

과거 자료에서 해외여행객들의 섹스관광 추태와 관련하여 70년대 중반부터 '추한 일본인'이라는 문구와 함께 '일본인 여행객 동남아 섹스관광' 기사가 몇 년 동안 자주 나타난다. 그후 잠잠하더니 90년대 초반부터는 일본 대신에 '추한 한국인'이라는 문구와 함께 '한국 여행객 동남아 섹스관광' 기사가 몇 년 동안 자주 나타난다.

해외여행객들의 섹스관광이 언론에 오르기 시작한 시점의 1인당GDP는 5천 달러에서 1만 달러 사이이다.

왜 이럴까?

아마도 5천 달러 미만의 아주 낮은 1인당GDP 시대에는 해외여행객들의 절대적인 숫자가 적다. 이때 해외로 여행을 할 수 있는 사람들은 그 나라에서 상당한 부유층이다. 만약 그 부유층은 돈으로 성을 사고 싶다면 빈한한 자국에서 아주 적은 비용으로 살 수 있는데, 구태여 해외에 나가 더 비싼 비용을 치르며 섹스관광을 할 이유가 없을 것이다.

저소득 나라의 비인간적인 인신매매 사례를 보자.

2008년에 중국 국경 근처의 스물다섯 살 북한 처자가 곡식 빚을 갚으러 중국 남자에게 씨받이로 팔려갔다. 아버지는 굶어 죽고 어머니는 못 먹어 눈이 먼 이 '두만강 심청'이 받은 대가는 우리 돈으로 4만 6천 원이었다.

이처럼 단돈 4만 6천 원에 사람도 사고파는 것이 후진국의 현실인데 성매매비용이 과연 얼마나 되겠는가?

결국은 돈 문제였던 것이다.

이러다가 1인당 GDP 5천 달러 이상이 되어, 해외여행이 자유로워지면 부유층이 아닌 평균 소득층도 해외여행을 다닌다. 아마도 이런 평균치 소득으로는 자국에서 성을 사기에는 성매매비용이 부담스러울 것이다. 그런 사람들이 자신보다 못사는 후진국에 여행 가서 거들먹거리며 적은 비용에 매춘을 하는 것이다.

성매매도 그 가격이 소득수준과 연동되는 것이 가격 원리라면, 소득수준과 대비하여 성매매비용도 자국에 비해 훨씬 더 낮을 것이다.

이와 같이 요란하던 섹스관광도 고소득 국가가 되면 시들해진다. 그 이유는 고소득이 되면 성에 대해 개방적이 되어 매춘이 아니고도 성 접촉 기회가 쉬워지고 많아지는 데 있다. 그런데 이것만이 아니라 소득수준이 향상됨에 따라 성이 아니고도 풍부해진 다른 놀이레저문화와 높아진 의식수준 때문에 섹스관광이 줄어드는 것 같다. 이처럼 섹스관광도 소득수준과 관련되어 있는 것이다.

소득수준이 증가함에 따라 여행의 행태도 바뀐다. 섹스관광이 소득수준이 상승하자 사라졌듯이, **구경**관광**에서 → 휴양 → 문화체험 → 신비체험으로 변한다.** 그러므로 관광업은 소득수준의 변화에 따라 영업 방향이 달라져야 할 것이며, 우리 국민들도 우리의 고유문화를 어떻게 하면 관광 상품화할 수 있을지 숙고해야 할 것이다.

한편 한국은 중국, 일본 등 거대 소비시장으로 둘러싸여 있다. 이 두 국가의 인구만 합쳐도 15억 명에 달한다. 특히 중국은 소득수준의 상승으로 해외여행객이 폭발적으로 증가할 것이다. 이처럼 거대 관광 수요를 잡을 수 있는 인프라를 구축하고, 여행객의 수준에 맞는 상품을 개발해야 한다.

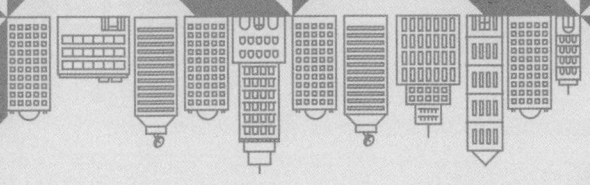

CHAPTER 12

자영업과
소비 변화

소비 트렌드에 따라
자영업도 변한다

　1960년대에 출생한 한국의 베이비붐 세대는 세계에서 유래를 찾아보기 힘들 정도로 경제적, 사회적으로 급성장한 시대를 살았다. 경제석으로 1인당 GDP는 100달러 미만 1960년에서 2만 7천 달러 2016년로 성장했으며 생활도 급변했다.

　한때 인기를 끌었던 드라마 〈응답하라 1988〉을 보면 은행 금리가 15%를 오르내리던 이야기가 나온다. 그때는 은행에 돈을 맡겨만 두어도 15% 이자를 주던 시절이었다. 금리가 1~2%대인 지금 상황과 비교해보면 상상이 되지 않는다. 지금 50~60대 이상 세대는 고성장 시대를 살았던 사람들이다.

그 시대에는 웬만한 장사를 하면 망하지 않았고, 웬만큼 투자하면 성공할 확률도 높았다. 그만큼 성공의 기회도 많았다. 그뿐만이 아니라 삶의 패턴도 안정적이었다. 학교를 졸업하고 직장에 들어가 월급이 좀 쌓이면 아파트를 청약하고, 두세 번 평수를 넓혀가며 살다가 50대 중후반에 퇴직해서 퇴직금으로 살면 됐다. 노후자금이 필요하면, 그 아파트를 팔아서 다시 생활자금으로 삼았다. 기대수명 또한 짧았다. 그렇게 살다가 10~20년 후에 삶을 마감할 수 있었다.

하지만 지금은 저성장 시대다. 저성장 시대가 가장 무서운 것은 자기 힘으로 성공할 수 있다는 꿈이 무너지는 것이다. 고성장 시대에는 지금 현실이 어렵더라도 허리띠를 졸라매고 저축하며 살면, 집을 사고 아이를 키울 수 있었다. 지금 상황은 어떤가?

영원할 것 같았던 '샐러리맨=안정된 직장' 공식은 2008년 미국발 서브프라임 사태로 촉발된 불황에 균열이 가기 시작했다. 과거 샐러리맨은 직장에서 '안정된 삶'을 누렸지만, 시간이 흐르면서 상황은 완전히 역전됐다. 좀처럼 누그러지지 않는 불황 한파 속에서 샐러리맨은 이제 불안한 미래를 짊어졌다.

기업의 수명이 짧아진 탓이다. 기업들은 불황 속에서 출구를 찾기 위해 샐러리맨을 몰아세웠고, 과거 이들이 기대했던 종신고용은 시대착오적 용어가 됐다. 기업은 상시 구조조정을 실탄 삼아 샐러리맨을 겨냥했다. 결국 과거 경제 성장의 주역이었던 샐러리맨은 '효율'을 앞세운 기업의 결단에 안정된 삶을 위협받는 처지로 몰락했다.

글로벌 경제가 2008년 금융위기 이후에 저성장, 저금리, 저수익률이 새로운New 정상Normal의 기준이 되는 시대로 접어들었다. 이전의 고성장, 고금리 시대가 말 그대로 올드한 올드 노멀Old Normal 시대가 되어 버린 지 한참이다.

그런데 또 다시 새로운 개념인 뉴 뉴트럴New Neutral이라는 용어가 부각되고 있다. 뉴 뉴트럴은 뉴 노멀New Normal과 비교해 더욱 저성장, 즉 성장이 실질적으로 이뤄지지 않는 상태가 지속되는 상황을 의미한다.

대부분 국가의 경제 성장률이 더 낮은 수준을 지속할 것이며, 이는 기준금리를 제로에 가까운 수준에서 유지시키고, 물가상승률 역시 매우 낮은 수준을 벗어나지 못하는 현상을 가리킨다. 한 마디로 '우리네 삶이 더욱더 팍팍해진다'는 이야기다.

저소득 시절, 우리의 어르신들께서는 먹을 것이 떨어지는 춘궁기春窮期를 '보릿고개'라 불렀다. 끼니 때우는 것을 걱정하고, 애들이 뛰어놀면 수하가 같대 금방 배가 고파져서 먹을 것을 달라고 할까 봐, 어른들은 뛰어노는 아이들에게 "아서라 뛰지 마라, 배 꺼진다."라고 말하던 시절이 있었다.

하지만 이제는 과식으로 인한 소아 비만을 걱정하고, 집집마다 승용차를 가진 세상으로 바뀌었다. 경제가 급성장함에 따라 사회, 정치 그리고 우리의 의식수준도 바뀌고 여가생활과 소비 성향도 바뀌었다.

가난하고 배고픈 시절에는 취하기도 하지만 허기까지 달랠 수 있는 막걸리가 사랑받았다. 그후 배고픔은 사라졌지만 부정과 독재 등 암울한 현실에 하릴없는 넋두리와 함께 무력감을 달래며 가격이 조금 더 비싸지만 취하기 위해서 마시던 독한 25~30도 소주에게 그 자리를 대신했다. 소주는 다시 와인에게 그 자리를 넘겨줄 준비를 하고 있다.

소주는 알콜 농도가 독한 25~30도에서 23도로 다시 20도로 낮아지더니, 2017년 현재 최저 15.5도로 순해졌고 일부 과일소주는 13~14도로 낮아졌다. 이러한 소주의 변신을 매출을 늘리려는 소주회사의 영업정책25도 술 2병에 취하던 사람이 18도짜리는 3병을 마셔야 취하므로일 뿐이라고 항간에서는 이야기한다. 그러나 이러한 소주의 변화는 와인으로 넘어가고 있는 소비자를 잡기 위한 소주회사의 몸부림이자 와인 닮아 가기가 아닐까?

2007년 1인당GDP 3만 달러를 넘어서 한국 내 지역별 1인당소득 1위의 울산은 1인당 와인 소비량에서 국내 1위다. 한국이 1인당GDP 3만 달러를 넘어서면 와인이 주류시장에서 소주 같은 기존 독주를 밀어내고 대세를 차지할 것이다.

이러한 소득수준의 변화에 따른 소비 변화에 주류회사는 저도수의 순한 소주와 틈새시장을 겨냥한 14~15도의 저도수의 술매취순, 복분자, 백세주, 산사춘 등로, 막걸리는 고급화로 대응하고 있다. 또한 선도적인 투자가들은 와인투자에 열을 올리고 있다. 이렇게 대자본은 발 빠르게 변신을 꾀하고 있지만, 소규모 자영업체들은 몰라서 못하기도 하고 알아도 자본이 없어 대응을 못해 침체와 폐업에 몰린다.

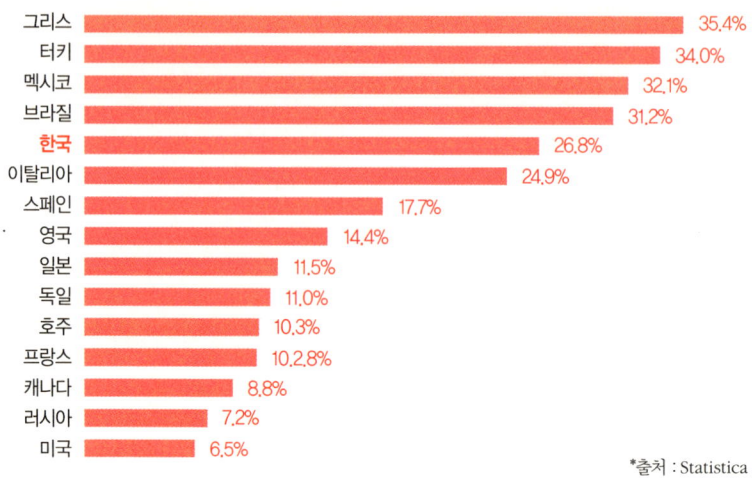

*출처 : Statistica

***

어느 사회나 사업을 한다는 것은 힘들다. 더군다나 앞으로 한국에서 "회사 그만 두면 식당이나 해볼까?"라는 말은 통하지 않는다. 향후 한국에서 자영업의 미래는 암울하다. 한국과 선진국의 자영업 현황에 대한 자료를 보자.

2014년 기준으로 한국 자영업 비율은 전체 취업자 중 26.8%를 차지하고 있다. 이는 OECD 평균 15.4%보다 11.4포인트 높은 것이다. 대부분 자영업자 비율이 평균보다 높은 나라는 경제 사정이 좋지 않거나, 관광산업에 대한 의존도가 높은 나라들이다.

한국 음식점 수 미국의 7배(인구 대비), 생계형 서비스업 비교

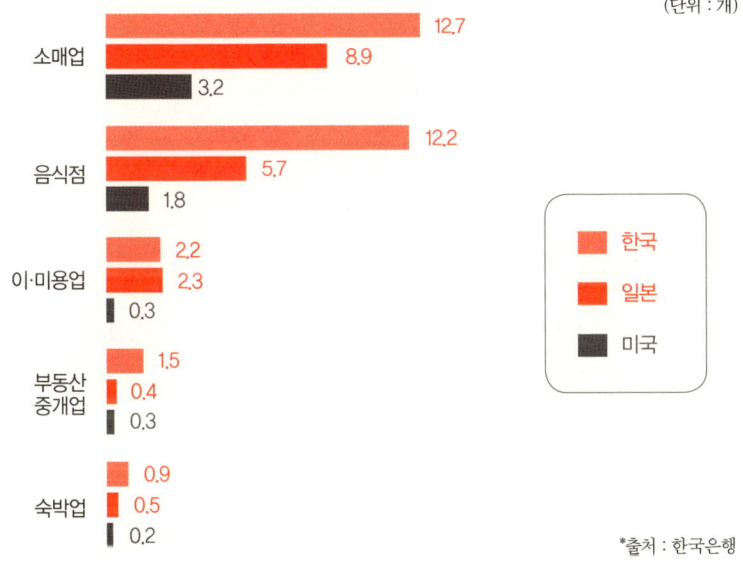

우리나라의 자영업에 대한 근본 문제는 노동시장에 진입하지 못했거나 퇴직한 사람들이 별다른 대안 없이 선택한 경우가 많다는 데에 있다. 그래서 창업의 상당수가 음식점, 숙박업소, 도매점 등이다. 부가가치가 큰 지식산업의 비중이 현저히 낮다. 그래서 우리나라 치킨집이 전 세계 맥도날드 매장 수보다 많다는 말이 있는 것이다. 이처럼 몇 가지 업종에 자영업이 집중되다보니, 창업 후 생존율이 30%도 되지 않는다.

인구 1,000명당 사업체 수를 보면 음식점 업종은 우리나라가 12.2개로 미국의 7배, 일본의 2배 이상 많다. 가전, 시계, 구두 등을 고치는 수리업종에서도 우리나라의 사업체 수는 1.9개로 미국, 일본의 2.4배에 이른다.

연도별 자영업자 수

(단위 : 만 명)

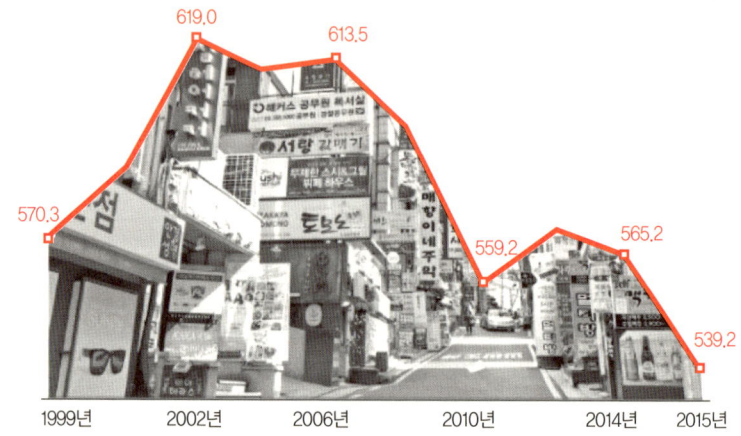

- 1999년: 570.3
- 2002년: 619.0
- 2006년: 613.5
- 2010년: 559.2
- 2014년: 565.2
- 2015년: 539.2

*출처 : 통계청

부동산 중개업은 사업체 수가 1.5개로 일본의 4.1배, 미국의 5.6배다. 소매업과 숙박업도 마찬가지다.

한국은 자영업자 수에서 미국과 일본 같은 선진국에 비해, 인구 대비 2배로 높은 상황이다. OECD 회원국의 평균에 비해서도 2배 정도 높다.

그렇다면 앞으로 한국의 자영업은 어떻게 될까?

근자에 자영업자는 2006년 613만에서 2015년 539만 개로 줄어들었다. 이러한 감소 추세는 소득수준의 향상과 더불어 지속적으로 진행해왔으며 앞으로도 지속될 것이고, 향후 OECD 회원국의 인구당 평균수준인 300만 개 수준에 도달할 때까지 계속될 것이다.

필자의 지인은 중국 음식점을 경영하고 있는데 최근 몇 년 동안 지속적으로 매출이 감소하고 있다. 선대부터 해오던 사업이고 음식이 맛있어 제법 유명한 음식점인데도 상황이 이렇다. 지속적으로 매출이 떨어지는 주요인은 우후죽순 생겨나는 기업형의 대규모 식당 때문이다.

서울 시내의 대형 건물마다 대규모 식당들이 들어선 것을 볼 수 있다. 이러한 대규모 식당들이 경쟁력에 우위를 가지고 손님을 끌기 때문에 소규모 자영업체들은 손님이 줄어들 수밖에 없는 게 현실이다.

소득수준이 상승할수록 역으로 자영업체는 힘들어지고 그 수는 감소한다. 그 이유는 소득의 향상은 의식수준과 사회의 제반수준을 향상시키는데, 이러한 변화가 소자본, 소규모의 자영업에 불리하게 작용하기 때문이다.

소득수준의 향상이 미치는 영향은 다음과 같다.

첫째, 소득수준 향상에 따른 경쟁의 심화와 자본의 대규모화로 소규모의 자영업은 경쟁에서 불리하다.

둘째, 소득수준이 향상됨에 따라 사람들 상호 간에 괴리감 상승으로 인하여 퇴근 후에는 '가족과 함께'하며 집밖에서 외식 등을 줄인다.

셋째, 소득수준 향상으로 자동차, 가전제품 등 내구재의 품질이 향상되어 고장률이 감소하므로 제품수리 비율이 현저히 떨어진다.

넷째, 소득수준 향상은 소비수준을 고급화시킨다.

다섯째, 소득수준 향상에 발맞추어 사회제도가 정비되고 투명성이 증대되어 접대가 감소된다.

* * *

　자영업체가 추세적으로 감소할 수밖에 없는 이유들을 더욱 구체적으로 살펴보자.

　소득수준의 향상에 따라 소비자의 욕구수준도 높아진다. 이에 따라 향상된 욕구를 충족시키는 데 우위를 점할 수 있는 차별적 요소를 가진 업체만이 살아남을 것이다.

　소득 증가에 따라 산업자본도 증가하여 넘치게 된다. 물이 높은 곳에서 낮은 곳으로 흐르듯, 넘치는 산업자본은 경쟁이 치열한 곳에서 조금 더 약한 곳으로 흐른다. 영세 자영업자들 위주의 사업에 대규모 자본이 뛰어든다. 대형 할인매장과 백화점은 소매업이 아니고 무엇이란 말인가?

　대형 할인마트의 등장으로 동네슈퍼, 동네시장, 남대문시장 같은 재래시장의 영세 자영업들은 이미 문을 닫았거나 고사 직전이다.

　남성 정장이나 여성복을 주문을 받아 신체 사이즈를 재고, 며칠 후 가봉假縫을 하고, 그리고 또 며칠이 지나야 멋진 수제복手製服을 완성시켜주던 그 많던 양복점과 양장점은 지금은 모두 어디로 갔을까?

　불행하게도 우리의 재래시장의 미래가 양복·양장점처럼, 추억 속 한 컷의 사진같이 될 것 같아 안타깝다. 이와 같이 양복점과 재래시장은 대규모 자본력을 가진 기성복업체와 백화점, 대형할인점에 밀려 이미 고사를 했거나 고사 중이다.

　사회 전반적인 소득수준의 향상에 따라 구성원 간의 소득 차이가 확대

되고, 이에 따라 생활수준 차이도 벌어진다. 그럴수록 각 계층 간의 의식수준의 차이도 커진다.

또한 지식기반 사회로 이동에 따라 직업의 다양성 심화로 서로의 직업생활의 내용을 알 수 없게 된다. 반면에 내가 하는 일을 남들이 잘 알게 되면 그 직업은 많은 돈을 벌 수 없다. 농사가 주업이었던 시절에는 모두가 농사를 지었으므로, 어느 누구나 잘 알 수 있었다. 하지만 그 시절에 농부들은 얼마나 가난했던가!

저소득 후진국 사회에서는 세상이 단순해서 서로의 고충을 털어 놓고, 상호 간에 공감대 속에 함께 회포를 풀 수가 있다. 그래서 친구나 친지 간 집밖의 외부 모임이 많았다. 이에 비해 고소득 선진 사회는 서로를 이해하기 힘들어 가족이 아닌 친구들이나 친지들과의 모임은 오히려 새로운 스트레스를 불러오는 경우가 많다. 그래서 이러한 모임을 피하게 되고 집으로 발걸음을 옮기게 되는 것이다.

이러한 상호 이해 불가로 인해 집밖의 만남이 줄어드는 것뿐만 아니라, 고소득 선진 사회의 투명성 증대로 리베이트, 뇌물의 감소와 접대의 감소 또한 요식업 매출 감소의 요인이 된다. 리베이트와 뇌물 같은 공돈으로 고급 음식점, 고급 술집에서 흥청망청 먹고 마시던 사람들이 공돈이 안 생기는데 피 같은 자기 돈으로 흥청거릴 수 있겠는가?

우리는 이런 현상을 IMF 사태 때에 이미 경험했다. IMF 환란으로 1998년 소득이 전년 대비 2/3로 줄어들고 사회 분위기가 급랭하여, 리베이트와 뇌물을 요구할 분위기가 아니었다. 오히려 자신이 하던 사업이 부도난 사업자가 종전에 자신이 뇌물을 주었던 사람에게 찾아가 전에 주었던 뇌물액수에 '0'을 하나 더 붙여 요구하였다. 그런 요구에도 잘리는 것이 두려워 꼼짝 못하고 요구하는 금액을 토해낼 만큼 사회가 흉흉했다.

이 시절 소득은 2/3 수준으로 후퇴했는데, 소비는 1/3 수준으로 떨어졌다. 대통령이 부유층에게 소비를 늘려줄 것을 호소할 만큼 소득 감소에 비해 소비 감소가 심각했다.

이렇게 된 이유는 심리적 위축의 영향도 있지만, 뇌물이라는 공돈의 급감으로 인한 영향이 매우 컸다고 하겠다. 당시 이권 민원부서에서 챙기는 부적절한 수입이 너무 커서, 그들이 받는 월급은 애들 껌값 밖에 안 된다는 것을 알 만한 사람은 다 아는 현실이었다.

당시 모 경제학 교수님은 소득 감소에 비해 소비 감소를 이해할 수 없다고 하시며 답답하다 했는데, 이것은 엄청난 공돈의 감소와 그것의 파괴력 높은 소비 효과를 간과했기 때문이 아닐까?

소득수준의 향상은 제품의 품질 향상을 수반하며, 역으로 고장률은 감소하고 이에 따라 제품수리 비율이 떨어진다. 자동차는 생산되면 상당히 오랫동안 사용하는 내구재다. 그러나 저소득 국가에서 생산된 차는 내구재라는 단어가 무색하게 품질수준이 매우 떨어져 고장이 많다. 이에 비해 고소득 국가에서 생산된 제품의 품질은 월등히 좋다.

한국의 경우, 1990년대 초 1990년 1인당GDP 6천 달러대 까지만 해도 국산자동차는 출고 된 지 3년이면 잔고장이 나기 시작한다. 그래서 여유가 있는 사람들은 3년이면 신차로 교체하는 것이 관행이었고, 그렇지 못하고 계속 3년 이상 차를 사용하는 경우는 뻔질나게 카센터나 정비공장에서 자동차 수리를 받아야 했다. 고장률은 높고 사치품이었던 자동차가 소득 증가와 함께 생활필수품으로 자리를 잡아가고, 그 숫자가 폭발적으로 늘어남에 따라 자동차 수리센터는 이 시기에 엄청난 호황을 누렸다.

그러나 1인당GDP 3만 달러를 바라보는 2016년, 출고된 지 10년이 넘은 한국산 자동차들이 도로를 질주하고 있다. 차령이 10년이 지난 차들도 주행거리나 보유기간에 따라서 교체해주어야 하는 소모품을 갈아 끼울 때 외에는 거의 고장이 없어서 정비센터에 자주 가지 않는다.

이처럼 소득이 향상됨에 따라 내구재의 품질 향상으로 고장률이 감소하여 제품수리 비율이 현저히 떨어진다. 일본의 경우도 마찬가지로 1990년대 이후, 자동차 수리점들이 쇠락의 길을 걸어왔다. 추후 카센터를 비롯하여 영세 자영 수선점은 시간이 갈수록 매출이 줄고 경영이 어려워 그 숫자는 줄어들 것이다. 반면에 중국이나 인도 같은 나라에서 지금 카센터를 시작하면 앞으로 10여 년 이상은 사업이 잘 될 것이다.

**

1인당GDP가 채 1천 달러가 되지 않던 1970년대, 우리의 가정은 아빠 혼자서 직장에 다니며 5~6 이상의 가족을 먹여 살리고 애들을 학교에 보냈다. 선진국의 문턱이라는 3만 달러 시대를 앞둔 2017년 현재, 부부 둘이서 벌어도 교육비 등 아이에게 들어가는 비용이 부담되어 아이를 하나만 낳는 경우가 많아졌다. 그래서 우리 사회는 심각한 저출산과 고령화를 걱정하고 있다. 자녀의 사교육비를 벌려고 가정주부가 노래방에서 술을 받아 마시고 내키지 않는 웃음을 팔며 도우미를 한다.

이렇게 어려운 형편에 힘들게 키워놓으면 그 자식들은 부모를 얼마나 이해하며 고마워할까?

서글프지만 현실은 그렇지 못한 것 같다. 자신의 노후대책도 세우지 못하고 자식들에게 올인한 부모는 자신의 노후가 막막하다. 한편 그 자녀들도 성인이 되어 결혼하여 가정을 꾸리게 되면, 자신의 가계 살림도 벅차서 부모는 뒷전이다.

이렇게 부모는 무조건 희생하고 자식은 이것을 당연시하던 상황은 이미 바뀌기 시작한 것 같다. 아마도 1인당GDP 3만 달러 시대에는 현격히 바뀔 것이다. 요즈음 주변을 둘러보면, 자식들이 대학 합격통지서를 받는 순간, 학자금 대출을 받는 것을 당연시한다. 금전적으로 여유가 있어서 자녀를 해외에 유학을 보낼 수 있음에도, 자식을 위해서 일방적인 희생은 할 수 없다며 유학을 보내지 않는 부모들이 점점 늘어나고 있다.

교육과학기술부의 통계에 따르면 한국의 초중고 해외 유학생 수는 1998년도 1,562명에서 1만 132명2002년, 2만 9,511명2006년으로 전년도와 대비하여 매년 몇 배씩 급증했다. 그러나 2006년을 정점을 찍은 후 2014년 10,907명으로 급감했다. 이러한 유학 감소는 학부모의 달라진 의식 변화의 결과라 할 수 있다.

조기 유학생 수 추이 (단위 : 명)

- 2000년: 4,397
- 2002년: 10,132
- 2006년: 29,511
- 2010년: 18,741
- 2014년: 10,907

※ 조기 유학생 : 유학을 목적으로 출국한 초, 중, 고등학생
*출처 : 교육부, 한국교육개발원

1인당GDP 3만 달러 이상의 일본과 미국의 현재 상황을 보자.

일본에서는 부모가 자녀의 중·고교 학비를 내지 않는 경우가 많아지고 있다. 미국의 부유층의 경우는 부모가 자녀들을 유치원부터 고등학교까지 학비가 비싼 사립명문에 보내고 과외 지도를 받도록 하기도 한다.

하지만 대부분의 미국 자녀들은 고등학교를 마치면 독립하여 비싼 대학 등록금 아이비리그 등 명문사립대의 경우 연간 4만 달러 이상을 대출 등으로 자신이 해결한다. 우리의 미래도 부모는 자신의 능력에 맞게 자식을 교육시키고, 자녀들은 고등학교를 졸업하면 부모에게 의지하지 않고 자신의 인생을 책임지게 될 것이다.

부모의 현실 인식과 의식 변화에 따라 사교육시장도 변할 것이며 저소득층의 사교육은 줄어들 것이다. 온라인 강의 등으로 무장한 대형 교육업체는 괜찮겠지만, 보습학원 같은 소형학원은 매우 어려운 상황에 처할 것이다.

앞으로 한국 자영업의 미래는 어둡다. 물론 어렵다 하더라도 고객을 만족시키는 정도에 따라서 사정은 천차만별일 것이다. 새로운 창업을 할 것이라면 소득 향상에 따른 의식 변화와 소비행태 변화를 고려하여 새로운 업종에 도전하는 것도 한 방법이다. 우리보다 잘사는 1인당GDP 3~4만 달러의 선진국을 벤치마킹하는 것도 한 방법이다.

1인당GDP 3만 달러 시대를 지향하여 첫째 고급화 트렌드, 둘째 시간 보내기, 셋째 가족과 함께 즐기기, 넷째 독립주의싱글족**, 다섯째 노약자와 동물에 대한 배려, 여섯째 사회제도 정비 등을 주시하여야 할 것이다.** 그 외에도 액티브 시니어, 다문화, 초고세금·초저금리 시대의 재테크 트렌드 등 실로 그 변화의 대상도 다양하다.

앞으로 취미생활에 시간을 소비하는 경향과 근무시간 단축으로 늘어나는 여가시간으로 인하여 시간 죽이기 사업은 여전히 매력적이다. 이처럼 시간 보내기에 '가족과 함께'가 결부된 분야인 스포츠 등 엔터테인먼트산업은 폭발적인 성장이 예상된다. 선진국의 열광하는 스포츠팬프로축구와 프로야구 등과 프로스포츠는 우리가 어떤 준비 없이도 남녀노소 '온가족이 함께', '시간을 보내고' 즐길 수 있는 레저의 한 장르임을 우리에게 보여주고 있지 않는가?

우리도 영국의 맨체스터 유나이티드처럼 수익을 내는 명문구단을 키우거나, 그럴 가능성이 있는 구단의 주주가 되는 재테크 방법도 있을 것이다.

소득 증가가 가져오는 사회 현상 즉 자립과 엉거주춤한 완벽한 경제적 독립이 아닐지라도 20대 초반의 독립, 만혼 추세와 미혼족의 증가로 싱글족을 겨냥한 사업이 유망하다.

건설업의 경우, 자영업의 감소 추세를 고려한다면 상가 건물보다는 싱글족이 선호하는 주거 공간이 유망할 것이다. 소자본으로 임대업을 하고자 할 경우에도 자영업을 대상으로 하는 상가는 피하고, 소규모 주거용 임대업을 해야 한다. 일본은 예금 이자율이 거의 제로인데도 소규모 주택 임대업은 연 6~7%대의 수익을 올린다. 그러나 건설업과 임대업 공히 수도권이 아닌 지방의 경우는 주택 초과 공급인 상태가 많으므로 이것을 고려해야 한다.

또한 반 마리 고등어, 식당의 1인용 테이블 등 싱글족을 위한 영업 전략을 강구해야 할 것이다.

언젠가부터 우리는 산에 가면 흔히 듣던 '야호'하는 고함소리와 그 메아리를 이젠 들을 수 없고, 나 자신도 하지 않게 됐다. 그러한 소리에 새와 산짐승이 놀라 스트레스를 받게 되면 산란과 번식에 지장을 주기 때문이다. 언제부턴가 우리 사회가 동물과 자연을 배려할 만큼 의식이 성숙해진 것이다.

고소득 사회가 될수록 어린이, 노약자, 동물 등 우리 주변의 약자에 대한 배려심이 높아질 것이다. 약자를 먼저 생각하는 세상에 어필하는 제품과 서비스에 관심을 기울여야 할 것이다. 놀이공원에서 '사람과 눈이 마주치면 싫어하는 동물의 특성'을 배려하여 동물을 보호하기 위한 동물관람 안경처럼, 이미 가족의 일원으로 대접받는 애완동물을 위한 또는 주인과 애완동물이 함께 즐길 수 있는 놀이기구나 콘텐츠 등도 그중의 하나가 될 수 있을 것 같다.

한국도 예전에는 슈퍼나 구멍가게에서 청소년에게 술과 담배를 팔았다. 그러나 이제는 그렇지 않다. 한걸음 더 나아가 선진국에서는 술을 슈퍼에서 팔지 않고 리쿼Liquor점에서만 판다. 앞으로 우리도 리쿼점에서만 술을 팔게 될지 모른다.

또한 고소득 사회는 다인종, 다문화 사회가 될 수밖에 없다. 최근 통계청의 조사결과 한국 가정 100곳 중 2곳이 다문화 가정으로, 인구 수는 100만 명에 육박하고 있다. 국내 거주하는 다문화 학생 수도 10년 만에 10배 이상 증가해 10만 명에 가까운 것으로 나타났다.

하지만 우리의 경우, 아직도 다문화에 대한 의식이나 그들을 대하는 태도에서부터 이방인이나 아웃사이더로 바라보는 시각이 존재한다. 이렇게 경직되고 제한된 인식은 결국 저소득 사회의 의식수준에 발목을 잡혀 있는 것이다. 이제 새로운 이주민과 다문화 시대를 겨냥한 사업을 찾아야 한다.

CHAPTER 13

재테크와 트렌드

소득에 따라 트렌드가 달라지면, 재테크도 함께 변한다

성실하기만 하면 남보다 잘살 수 있는 시대가 물론 있었다. 하루 종일 자연과 싸우던 농경 시대가 바로 그런 시대였다. 그러나 이제 전업농민은 인구의 5%에 불과하다. 우리는 정보화 시대를 넘어 유비쿼터스언제 어디서나 편리하게 컴퓨터 자원을 활용할 수 있도록 현실 세계와 가상 세계를 결합시킨 것 시대를 살고 있다. 어떻게 일하는가, 무엇을 할 수 있는가 하는 능력이 성실보다 중요한 시대가 온 것이다. 이제는 당신이 성실하게 열심히 일한다고 이 세상이 감격해하며 당신을 부자로 만들어주지는 않는다.

투자는 재산을 불리기 위한 것으로서, 소득으로 얻은 재산을 더 많이 늘리기 위한 재테크 수단이다. 재산 증식을 위한 투자에서 가장 중요한 개념 중에 하나가 복리다. 조삼모사朝三暮四는 간사한 꾀로 남을 속여 희롱함을 이르는 송나라의 저공의 고사다. 원숭이에게 먹이를 아침에 세 개, 저녁에 네 개씩 주겠다고 했더니 화를 냈다. 그래서 아침에 네 개, 저녁에 세 개씩 주겠다고 했더니 원숭이들이 좋아했다는 데서 유래한 사자성어다.

그러나 소득의 측면현재 가치와 복리에서 보면 원숭이가 현명하다. 아침에 한 개가 더 많음은 두 가지 관점에서 더 유리하다. 미래에 대한 불확실성 제거와 투자 기회를 확보할 수 있기 때문이다. 주인이 저녁시간까지 갑자기 죽거나 다른 사고가 생기지 않는다는 보장이 없으며, 한 개를 절약하여 교환이나 투자를 하여 두 개를 만들 수도 있는 것 아닌가.

당신이 만약 원숭이가 아닌 '저공'처럼 생각한다면, 당신은 투자에 적합하지 않을 수도 있다. 30년간 복리로 투자하면 연간 수익률이 5%면 4.2배, 10%면 17.5배가 된다.

복리 개념을 기저에 깔고 투자 대상을 선택할 때, 그 대상의 '소득과 의식'을 알아야 한다. 투자는 현재보다도 미래를 사는 것이다. 미래에 더 좋은 성과를 창출할 수 있는 국가, 업종, 기업을 선택해야 한다.

하지만 미래의 사업은 불확실하다. 이러한 불확실성 속에서 최적의 선택을 해야 한다. 그러나 한 가지 확실한 것은 '사업은 사람이 한다'는 것이다. 돈을 버는 주체는 사람이며, 사람이 모인 사회 곧 조직부서, 회사, 국가이다. 어떤 사업이 더 좋은 성과를 얻고 있느냐, 얼마나 지속할 수 있느냐는 사람에 달려 있다.

사람의 소득과 의식은 상호 작용을 한다. 소득수준이 올라가면 의식수준도 올라간다. "금강산도 식후경이요, 의식이 족해야 예의를 안다."라고 말하지 않는가?

한편 합리적 사고, 창의적 사고 등 높은 의식을 가지고 노력하면 더 많은 소득을 얻을 수 있다. 반면에 과소비, 무책임, 부패, 무사안일 등 저급한 의식은 소득을 더 낮게 끌어내려 결국 소득과 의식은 그 키를 맞춘다.

그러므로 투자를 결정할 때는 투자 대상이 되는 사회의 현재 '소득 경제 성장률'과, 미래에 발전 또는 지속 동력인 '의식'을 반드시 고려해야 한다.

국가의 경우를 보자.

국가의 경제 성장률은 저소득 국가가 높고 소득수준이 높아짐에 따라 성장률이 낮아진다. 그래서 성장률은 소득의 역순으로 저소득 국가가 높고, 그다음으로 중간소득과 고소득 순서다.

저소득 국가는 발전 속도가 빨라, 지난 20여 년간 고소득 국가의 2배가 넘는 성장률을 기록했다. 특히 개발도상국 중 중국은 폭발적인 성장을 했다. 지난 20여 년간의 누적 성장률로 보면 고소득 국가는 50%로 성장이 더디지만, 이머징 국가인 중국은 400%로 경제 규모가 20여 년 전에 비해 5배 가까이 커졌다. 이러한 성장에 따라 이머징 국가의 주식시장도 엄청나게 상승했다.

투자 대상의 우선순위는 당연히 성장률 소득이 높은 중국 같은 이머징 국가의 주식시장이다. 또한 투자 대상의 수익률뿐만 아니라 단기적으로 더 큰 영향력을 갖는 '의식' 측면을 반드시 고려해야 한다.

의식 측면에서는 그 사회가 소득이 높아짐에 따라 그 소득수준에 합당한 의식수준을 견지하고 있는지 여부다. 여기에는 흔히 주식시장에서 말하는 '탐욕과 공포' 같은 초단기적인 의식심리 수준도 고려해야 한다.

주식시장이 과열되면 주가 폭등으로 투자자의 소득이 급증한 반면에, 의식수준은 대박 심리로 이성을 잃고 예전에 비해 더 낮아진다. 주식시장에서 비합리적이고 비이성적인 탐욕은 무조건 GO를 외치게 만들고 엄청난 후유증을 겪는다. 머지않아 주가의 폭락으로 소득이 급감하여, 시장 참여자의 저급해진 의식수준으로 소득수준은 회귀한다.

이러한 탐욕으로 비상식적인 폭등 후에 폭락을 가져왔던 시장은 부동산 호조, 기업 수익 증가, 자국 통화 강세, 저금리 등의 상승 동력이 증시 호황을 주도했다. 매번 "우리 시장은 다르다, 이번은 다르다."라고 주장하며 광란의 열기 속으로 빠져든다.

자본주의는 돈이 힘이다. 소득부에서 약자인 개미투자자는 강자인 거대 자본을 정보와 시스템에서 이기지 못한다. 그러므로 약자인 투자자는 이 거인이 정직하고 착해서 소외계층에게 베풀고, 투자자 등 이해관계자와 기업활동의 과실을 함께하는 의식을 갖춘 경우에만 투자해야 한다.

반면에 국가의 소득수준이 낮아서 의식수준도 저급해 불법과 탈법이 난무하는 사회의 기업이나, 고소득 사회의 기업일지라도 악한 기업에는 투자하면 안 된다.

※ ※ ※

사람이 태어나 성장해감에 따라 모습과 사고가 바뀌는 것처럼, 소득의 변화에 따라 사회의 모습과 의식도 변한다. 상승하는 소득수준에 따라 사회의 모든 것이 달라지므로, 각 분야의 수익의 창출 능력도 새로 생기거나 없어지고 또는 그 정도가 달라질 수밖에 없다.

우리는 흘러가 버린 물로 풍차를 돌릴 수 없음에 연연하지 않듯이, 흘러간 소득의 흐름 때문에 수익을 창출하지 못하는 것에 안타까워하지 말아야 한다. 대신 흘러오고 있는 미래의 소득 흐름이 창출할 수익을 주시하고 이에 편승해야 한다. <u>치열한 경쟁 사회에서 사업이든 재테크이든, 소득수준의 변화에 따라 다가올 수밖에 없는 업종과 종목이 블루오션이다.</u>

한국 1980년대 중후반과 중국 2000년대 중반은 20여 년의 시차를 두고, 1인당 GDP 3천 달러 수준에서 주가지수는 단기간에 5배 이상 폭발적으로 상승했다. 한국은 그후 1990년부터 2005년까지 15년간 코스피는 종전 고점 1,000포인트 대를 돌파하지 못하고 박스권에 갇혀 있다가, 박스권을 돌파한 2005년은 1인당GDP 1만 달러 1995년에 1만 달러에 도달했었으나 1997년 IMF 사태로 7천 달러대로 추락한 후에 재차 진입한 2001년부터 4년째였다. 미국도 1966년 다우지수는 995를 기록한 후, 16년 동안 지지부진했다. 그러다가 1982년에 1,000에 안착한 후, 2007년 1만 4천까지 올랐다. 미국의 1982년은 1인당GDP 1만 달러에 진입한 1978년부터 4년째였다.

한국과 미국이 15~16년 동안의 주가지수 1천대의 박스권을 돌파한 것은 1인당GDP 1만 달러에 진입한 지 4년째라는 한국 2001년 1인당GDP 1만 달러 재진입→ 2005년 주가지수 1천 돌파 안착, 미국 1978년 1인당GDP 1만 달러 진입 → 1982년 다우지수 1천 돌파 안착 것이다.

혹자는 이러한 현상을 우연으로 치부하고 말지도 모른다. 그러나 1인당GDP 3천 달러대의 한국과 중국은 굶주림에서 벗어나 역동적인 경제 성장에 힘입어, 비약적인 소득 상승을 이룬 시기에 주가는 5배 이상 폭등했다.

미국과 한국이 장기간 15~16년간의 횡보 끝에 주가가 1천대에 안착한 시점은 1인당GDP 1만 달러 진입 후, 4년째가 되던 해였다. 그 시대는 사회 의식 형성으로 부정부패와 이기주의의 비효율성을 극복하고, 좀 더 공정한 경쟁으로 효율적으로 작동하는 사회가 되었다는 것이다.

2017년 8월 현재 상해지수는 3,200으로서 전 고점의 1/2에 머물러 있다. 향후 중국도 1인당GDP 1만 달러에 진입 후, 부패와 이기주의를 극복하고 공정 경쟁으로 효율적인 사회가 될 때에 전 2007년 고점을 돌파할 수 있을 것이다.

소득수준에 따라서 경제 성장률과 의식수준이 차이가 있어 주가 지수의 상승폭이나 변동성이 달라진다. 또한 소득수준의 고저에 따라 부동산, 주식, 여타 자산 간의 수익 창출력이 달라진다. 그리고 동일 분야 예로 부동산 내에서도 수익성에 많은 차이가 생기게 된다.

그럼 1인당GDP 2만 달러 시대의 재테크 트렌드는 어떻게 변할까?

2만 달러를 넘어서 고소득 사회로 진행 과정에서는 저금리, 저성장, 고령화, 사회복지 강화 등의 경향을 보인다.

전 세계 생산가능 인구 15~64세가 2016년부터 감소세로 돌아선다. 1950년 이후부터 감소가 시작된 것이다. 세계 인구는 2050년까지 32% 증가하지만, 생산가능 인구는 오히려 5% 감소하면서 세계 경제의 활력은 전반적으로 저하될 것으로 예상된다.

향후 35년에 걸쳐 세계 인구대국 순위에 상당한 변화가 온다. 2050년에는 다른 나라의 비교를 불허했던 중국이 마침내 인도에게 1위를 내준다. 그 격차도 무려 4억 명이다.

3억 명 이하 인구대국은 대체로 순위를 그대로 유지한다. 그 가운데 눈에 띄는 것은 러시아다. 러시아는 급격히 인구가 감소해서 15위로 대폭 순위가 내려간다. 선진국과 아시아 개도국의 인구 성장이 둔화되고, 저출산 고령화가 심화된다.

특히 저출산 고령화에서 세계 1·2위를 다투는 일본과 한국은 생산인구 감소폭에서도 다른 나라보다 클 것으로 예상된다. 경제 성장의 기초를 이루는 생산가능 인구가 감소하면, 그만큼 잠재 성장률과 경제 활력이 떨어지고 사회적, 경제적 부담도 커지게 된다.

주요 국가의 생산가능 인구는 인도 +33%, 브라질 +3% 등 중소득 국가와 미국 +10%과 같은 이민 국가는 증가한다. 일본 -28%, 한국 -26%, 독일과 이탈리아 -23%, 러시아와 중국 -21% 등은 크게 감소할 것으로 전망된다.

우리나라가 세계에서 가장 빨리 늙어가고 있다는 것은 이제 상식이 됐

인구 TOP 10 변동

조사대상 : 총 90~176개국, 100점 만점

구분	2015년		2050년	
1위	중국	14억	인도	17억
2위	인도	13억	중국	13억
3위	미국	3억 2천 1백만	나이지리아	3억 9천 8백만
4위	인도네시아	2억 5천 7백만	미국	3억 8천 8백만
5위	브라질	2억 7백만	인도네시아	3억 2천 2백만
6위	파키스탄	1억 8천 8백만	파키스탄	3억 9백만
7위	나이지리아	1억 8천 2백만	브라질	2억 3천 8백만
8위	방글라데시	1억 6천 1백만	방글라데시	2억 2백만
9위	러시아	1억 4천 3백만	콩고	1억 9천 5백만
10위	멕시코	1억 2천 /백만	에티오피아	1억 8천 8백만

다. 지난 2010년에 만 65세 이상 고령 인구는 545만 명이었다. 2015년에는 662만 명으로 증가하며 2020년에는 808만 명, 2030년에는 1,269만으로 인구의 24.3% 이상이 만 65세 이상의 고령자가 되는 것이다. 2040년에는 무려 1,650만 명으로 전체 인구의 32.3%가 고령자다.

하지만 많은 사람이 고령화 사회가 자기 자신에게 어떤 영향을 미칠지 잘 알지 못한다. <u>고령화는 재테크에 직접적인 영향을 미친다. 초고세금과 초저금리 문제가 발생하여, 산 넘어 산이다.</u>

초고령화는 초저금리에도 영향을 미친다. 돈을 버는 사람보다 돈을 쓰기만 하는 사람이 많기 때문에 생산율은 낮아진다. 생산하는 것이 적어지면 적어질수록 성장률도 낮아진다. 성장률이 낮으면 돈을 빌려서 사업하는 사람이 적어진다.

금리는 바로 돈을 빌려 쓰는 데 들어가는 비용이다. 성장률이 높으면 사람들이 너도나도 돈을 빌려서 사업하려고 한다. 그러나 성장률이 낮으면 돈을 빌리는 사람이 낮다. 돈을 빌려주겠다는 은행은 많아지는 반면 돈을 빌려 쓰겠다고 하는 사람은 적어진다. 결국 돈을 빌려 쓰는 가격인 금리가 인하되는 것이다.

일본은 90년대부터 젊은 층의 인구 수가 감소하면서 의료비, 생활비 등 노인들을 부양해야 하는 비용이 급격하게 증가하기 시작했다. 이것이 소비활동에 부담을 주게 되고, 고령 인구 비율이 높아짐에 따라 사회 전체적으로 소득이 줄어 저축률까지 하락하게 된다. 이로 인해 경기가 좋아져도 쉽게 소비가 증가하지 않는 장기 경기 침체로 이어졌다.

1990년대부터 경제 성장률 1% 미만 시대가 지속되면서, 과거 잃어버린 10년이라고 불렀던 일본 경제의 장기 불황이 지금까지도 이어졌다. 그래서 이제는 잃어버린 20년이 됐다. 고령화와 저출산 등의 원인으로 경제 성장이 둔화되고 있는 상황들, 2015년 현재 한국도 2000년대 초반의 일본과 비슷한 상황에 처해 있다.

고령화로 노인을 대상으로 하는 관광, 취미, 오락산업은 물론 노인을 위한 식품, 의류, 생활용품 등 실버산업이 각광을 받을 것이다. 또한 저금리와 고령화에 대비한 노후대책의 적절한 투자수단으로서 '저축에서 투자로 마인드가 바뀐다. 즉 살아가는 데 필요한 비용을 충당해야 하므로 소득수익의 창출 여부가 재테크의 주요 관심사가 된다.

고소득 사회의 소득의 흐름을 따라서 투자해야 한다. 즉 수명이 길어져서 은퇴 후에 쓸 비용은 더욱 늘어난다. 그래서 금리가 낮아져 메리트가 없는 예금이나 수익을 창출 못하는 부동산을, 수익을 창출하는 자산으로 바꿔 타는 흐름에 편승해야 한다. 돈은 예금이나 부동산보다는 높은 수익을 창출하는 회사의 주식으로 흘러갈 수밖에 없기 때문이다.

향후 고소득 사회의 투자 대상으로서 부동산은 어떻게 될까?

2017년 7월, KBS 스페셜 〈빈집 쇼크〉라는 다큐멘터리가 시청자들에게 충격을 주었다. 도쿄에서 지하철로 1시간 거리에 있는 도시의 아파트 가격이 우리 돈 천만 원에도 팔리지 않는 현실을 적나라하게 보여주었다.

인구 소멸을 걱정해야 하는 저성장과 고령화 시대에, 설상가상으로 노후화한 주택들이 방치되면서 아무리 가격을 내려도 팔리지 않아 결국 '빈집' 위기에 처했다. '빈집'은 고령화, 저출산, 저성장 시대 등 미래 사회 변화에 대응하기 위한 중요한 상징이다. 2033년이 되면 일본 가구의 33%는 빈집이 될 것이라고 일본 노무라종합연구소는 예상하고 있다.

우리나라도 예외는 아니다. 빈집만 800만 호를 보유한 일본의 주택시장의 문제점을 우리나라도 그대로 밟고 있다. 2015년 인구주택총조사 결과, 우리나라의 빈집은 약 107만 호에 이른다. 빈집 100만 채 시대가 이미 도래한 것이다.

앞으로도 빈집은 증가 추세를 이어갈 것으로 보인다. 2016년 건축도시공간연구소에서 발표한 논문을 보면, 국내 빈집은 2025년 약 13%까지

일본 주택가격 상승률 추이

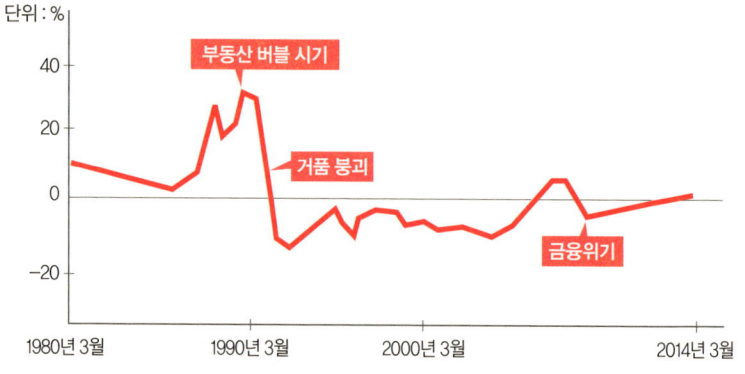

일본의 빈집 증가

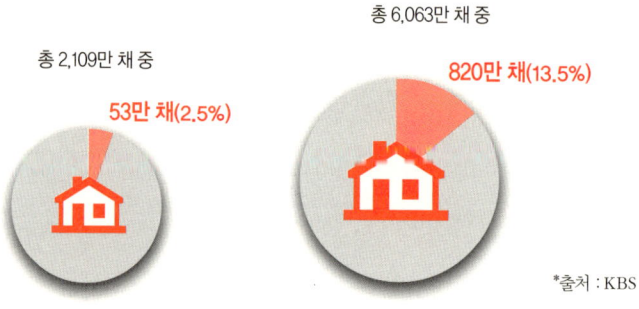

증가할 우려가 있는 것으로 분석됐다. 현재 일본의 빈집 비율과 맞먹는 수치다.

문제는 일본과 달리 우리나라는 아파트가 차지하는 비중이 60%를 육

한, 미, 일 가계자산 구성

국가		한국	일본	미국
가계자산 구성비	부동산	79%	43%	36%
	금융자산	21%	57%	64%
연도		2005년	2003년	2003년
해당 연도 1인당GDP(US달러)		17,554	33,180	37,715

*출처 : KBS

박하는 '아파트 공화국'이라는 점이다. 30만 가구에 달하는 1기 신도시 아파트의 노후화는 세계적으로도 유례가 없는 규모다. 이 때문에 노후시설을 제때 보수하지 못하면 심각한 사회문제가 대두될 수 있다.

수익소득 창출의 추구라는 고소득 사회의 소득 흐름에 따르면 향후 부동산 가격은 떨어질 수밖에 없다. 특히 중대형은 하락폭이 더 클 것이다. 가격이 하락하면 상대적으로 수익률이 올라가므로, 주식 같은 다른 투자 자산이 얻는 수익률과 비슷한 수익률을 얻을 수 있는 수준까지 부동산은 떨어질 것이다.

표에서도 알 수 있듯이 향후 부동산 보유 비중은 낮아지고, 중소형으로 바꾸고, 보유 자산액이 기대 노후자금에 한참 모자란다. 그렇다면 주택을 팔아 수익성 높은 자산으로 대체하거나 생활비로 충당해야 한다.

반면에 부동산 불패론자들은 그 주장의 근거로 "한국의 인구 대비 좁은 땅덩어리와 주택이 주는 생활의 질은 수익성으로 따질 게재가 아니다."라고 주장한다.

　강남 중대형 아파트의 매매가는 20억 원인데 전세가는 5억 원이다. 주거 공간으로서 동일한 아파트에 살면서 내 집을 소유한다는 것은 전세에 비해 15억 원을 묶어두고 있는 것으로 정기예금 이자율 2%를 적용하면 연간 기회비용 약 4천만 원3천만(15억 원×2%)+보유세 등 1천만 원을 추가로 지불하고 있는 것이다. 자신이 큰 부자여서 연간 4천만 원이 내 집이 주는 안락감이나 이사의 번거로움에 비해 하찮거나, 아니면 1년에 그 이상 가격이 상승하는 경우에만 납득이 되는 가격 구조다.

　하지만 다른 관점에서도 바라볼 필요가 있다. 소득이 높아질수록 조망권에 대한 관심이 높아지면서 분양가에 이를 반영하는 업체들이 늘고 있다는 것이다. 고가 아파트일수록 조망권에 따라 수억 원의 차이를 보이고 있기 때문이다.

　2000년 들어 조망에 대한 관심도가 서서히 증가하기 시작했다. 남향에 대한 신호도는 낮아신 반면, 강과 숲 등 자연환경을 볼 수 있느냐 하는 조망권에 대한 관심이 높아졌다. 실제 아파트를 구입할 때, 조망권과 거실 일조권을 우선순위로 두고 있는 사람들이 많다. 우리나라는 조망권을 재산의 한 부분으로 인식하기 때문에 조망권이 좋은 단지는 바로 시세와 연결된다.

　중국 상해, 대련 등 중국의 대도시와 프랑스 파리, 영국 런던, 호주 시드니, 일본 도쿄와 오사카, 샌프란시스코, 홍콩을 비롯한 대부분 나라의 대도시가 강과 바다 등 수변 가까이에 위치해 있는 이유다. 대부분의 선진국 최고 부자들의 저택은 강변에 몰려있다.

독일 마인 강, 프랑스 세느 강 주변, 중국 다련 싱하이(성해) 공원 바닷가의 고급 주택, 미국 허드슨 강변의 고급 콘도와 주상복합 등의 매매가도 한국 돈으로 최소 수십억 원을 호가할 정도로 고가를 형성하고 있다.

1인당GDP 5만 달러를 상회하는 싱가포르는 요트와 유람선이 떠다니는 수변 지역에 고급 주택과 빌딩 등이 대거 몰려있다. 수변 인근 주택 한 채 가격이 50~100억 원 정도를 호가할 정도다. 자국 내뿐만 아니라 세계 각국의 부자들이 몰려들고 있다.

통상 조망권은 부동산시장 침체기에 시세 하락을 막는 안정장치 역할을 할 수 있다. 이왕이면 도심권에 위치해 있으면서 신규 단지인 한강 조망권을 갖춘 단지에 관심을 가져야 한다. 주택시장이 투자자에서 실수요자 중심으로 재편되면서 쾌적한 환경과 여가생활을 즐길 수 있는 수변 아파트들이 인기는 계속될 전망이다.

그렇다면 한국의 향후 주식시장은 어떤 모습을 보일까?

이는 우리보다 먼저 앞서간 선진국의 금융시장의 과거 행적을 살펴봄으로써 우리의 미래 모습을 알아보자.

2만 달러를 넘어 소득이 증가하면서 금융자산의 비중이 늘어나고, 주식시장도 높은 상승세를 나타냈다.

고소득 사회가 될수록 부동산은 비중이 줄고 주식 등 금융자산 비중은 늘어나는 이유가 있다. 고소득 사회는 대기업이 상가나 주택 등 부동산 소유자에 비해 자본, 규모, 인력에서 점점 더 큰 우위를 차지해 더 많은 소

1인당GDP 2만 달러를 달성한 후 선진국 주식시장

국가	1인당GDP 2만 달러 달성 시점	이후 증시 고점 도달 연도	2만 달러 고점까지 증시 상승률	연평균 상승률
미국	1988년	2000년	350%	13.5%
일본	1987년	1989년	110%	45%
독일	1990년	2000년	190%	10%
스웨덴	1988년	2000년	600%	18%

*출처 : 대우증권

득을 거두게 되기 때문이다.

즉 고소득 사회가 될수록 대자본과 소자본의 소득 창출 능력_{이익율}의 격차가 커진다는 것이다. 중진국에서 선진국으로 소득이 상승해감에 따라 소자본인 자영업과 이러한 자영업이 입주하는 상가가 어려워지는 것과 같은 이유다.

이와 같이 선진국은 주식시장이 상승하고 가계자산 중 금융자산이 차지하는 비중이 한국에 비해 월등히 높다. **한국도 선진국처럼 주식을 비롯한 금융상품의 비중이 꾸준히 늘어날 것이고, 부동산의 비중은 줄어들 것이다. 그러므로 한국에서 앞으로 10년 이상은 주식에 투자해야 한다.**

※ ※ ※

1인당GDP 1만 달러가 넘으면 저성장 사회가 되는데도, 이와는 달리 '기업 이익은 꾸준히 증가'한다. 1만 달러가 넘어 경제 성장률이 저하되는 저성장 사회가 되어도 기업 이익이 증가하는 이유는 사회의식의 성장에 기인한다. 회사의 영업 상황이 예전과 동일해도 이익은 증가한다. 그 연유는 첫째, 이익의 불법 사외 유출이 줄어든다. 둘째, 노조의 파업이 줄어드는 것에서 찾을 수 있다.

첫 번째 현상은 사회의식이 성숙함에 따라 회사가 자기 본연의 인격을 찾아간다는 것이다. 주식회사는 법인으로서 법이 만들어준 독립된 인격체다. 최대 지분을 소유한 사주일지라도 회사와의 관계에서는 주주이고 임원일 뿐이다.

그런데도 저소득 사회에서는 회사의 금고를 사주 개인 호주머니로 생각한다. 정상적인 회계 처리도 하지 않고 세금도 내지 않으면서 회사 돈을 자기 호주머니에서 돈 꺼내듯 가져간다. 이런 현상이 사회에 전반적으로 만연되어 있어, 이것이 공금 횡령이라는 중죄인데도 아무런 죄의식이 없다. 회사의 임직원들도 별다른 문제의식이 없이 순응한다.

그러나 1인당GDP 1만 달러가 넘고 소득이 증가하여 고소득 사회를 향하면서, 회사의 임직원과 사회의 전반적인 의식이 사주와 회사는 별개이며, 사주도 이 원칙을 준수해야 하는 것으로 바뀐다.

한국의 경우, 2000년대에 들어와서 회사 돈을 유용한 혐의로 대기업

회장들이 사법 당국의 조사를 받고 구치소를 들락거렸다. 회사 돈 횡령에 대한 임직원을 포함한 국민의 의식이 바뀐 결과다. 이것은 한국 사회가 점점 더 성숙하고 있다는 긍정적 신호다.

이와 같이 소득수준이 높아질수록 회사 돈의 유용이나 변칙적으로 사주 개인의 이익을 도모하는 행위는 줄어들며, 이처럼 불법유출이 줄수록 회사의 이익이 늘어간다.

둘째, 노조의 파업이 줄어들어 생산 차질로 인한 손실이 줄어든다. 선진국에서는 노조원이 차지하는 비중이 꾸준히 감소했다.

2016년 미국 노동자 중 노조 가입자의 비율 노조 조직률이 0.5%포인트 떨어진 12.0%를 기록, 1983년 통계 작성 이후에 최저치를 기록했다. 또 1995년 이후, 가장 큰 폭의 감소율을 보였다. AP통신은 26일 미국 노동부 통계국의 발표를 인용, "지난해 미국 노동자 중 노조에 가입한 노동자는 전년보다 32만 6천 명 줄어든 1,540만 명으로 집계됐다."라고 보도했다. 노조 조직률은 통계가 첫 작성된 1983년에 20.1%에 달했으나 꾸준히 감소해왔다.

노조 조직률이 사상 최저 수준으로 떨어지는 것은 미국에만 국한된 현상이 아니다. 주요 선진국을 포함해 유럽, 아시아 등 전 세계적인 추세다. 2000~2013년간 미국 12.9%→10.8%, 영국 30.2→25.4%, 독일 24.6%→17.7%, 뉴질랜드 22.4%→19.4%, 아일랜드 38.0%→29.6%, 한국 12.0%→10.3%다.

한국노동연구원 김정한 박사는 "노조 조직률이 떨어지는 것은 각국 경제 구조가 노조 결성이 쉬운 제조업에서 서비스업 위주로 바뀌고, 노조 참여가 상대적으로 어려운 비정규직이 늘어난 것이 주요 원인이다."라고 분석했다.

저소득 시대에서는 악덕 기업주가 근로자를 착취하는 경우가 많았으나, 고소득 사회에서 그런 기업주도 없을뿐더러 회사 종사원에게 정당한 대가를 지불하지 않는 기업은 살아남을 수 없다. 사회의식이 성숙함에 따라 노조의 필요성이 줄어들고, 노조원들도 불법파업을 벌여 둘 다 망하는 행위는 하지 않는다.

고소득을 향해 가는 사회는 저성장으로 대변되는 사회다. 하지만 사회의 의식수준 향상으로, 기업 이익의 불법 유출 감소와 불법 파업 감소로 생산 차질이 줄어든다. 그래서 기업의 이익은 꾸준히 증가하게 된다. 이렇게 이익이 증가하는 기업들의 주식을 사기 위해 시장으로 돈이 지속적으로 유입되어 주가가 장기간 상승한다.

그렇다면 주식투자는 어떤 방식으로 어느 종목에 할 것인가 하는 문제가 대두된다. 사업은 사람들이 모인 조직, 즉 사람이 한다. M&A로 큰 성공을 거둔 모 회장님은 회사를 인수할 때, 대상 회사의 현재 재무상태보다도 임직원들의 업무 능력과 조직문화를 파악하고 평가하는 데 중점을 두었다고 한다.

회사가 어려운 상태에서 매물로 나왔다면 당시의 수익은 일시적으로 안 좋을 것이며, 인수 가격은 대체로 이와 같이 낮은 수익성에 근거한 예상 수익과 현재 재무상태에 의해서 결정된다.

그러나 사업은 미래 지향으로 그 조직원들이 앞으로 해나갈 것이므로 회사에서 가장 중요한 자산은 사람이다. 그래서 그는 대상 회사 직원들의 능력과 의식이 뛰어나 발전 가능성이 큰 회사만을 인수하여 성공했다는 것이다.

이를 간단한 수치로 표시하면, 현재 회사 인수 가격이 100원인데 여기에 반영되지 않은 조직원들의 인적 잠재 능력 및 조직문화의 평가치가 200원이라고 하자. 그렇다면 인수와 동시에 2배를 남기는 장사를 한 것이다. 이처럼 미래의 소득은 사람들의 의식수준에 달렸으므로, 투자 시 회사의 재산보다 더 중요한 사람, 즉 조직의 의식과 문화를 보고 대상을 선택하는 것이 무엇보다 중요하다.

내가 직접 사업을 해서 돈을 버는 것은 굉장히 어려우므로, 대신 나보다 경영 능력이 뛰어난 기업가에게 돈을 투자해 회사 이익을 배당받아 수익을 거두는 것은 훨씬 쉽다.

그러므로 투자 대상 회사를 선택할 때, 회사를 직접 방문해서 경영자와 그 조직의 능력과 의식을 평가하는 것이 선행되어야 한다. 그러나 시간이나 평가 능력이 없어서 이렇게 할 수 없다면 믿을만한 펀드에 적금을 들듯이 투자할 수밖에 없을 것이다.

2017년 8월 현재 코스피의 주가수익비율PER이 주요 10개국 증시 가운데 가장 낮은 것으로 나타났다. 특히 코스피의 PER은 미국과 인도의 절반 수준에 불과했다.

한국거래소에 따르면 2017년 8월 현재, 코스피의 PER은 9.84배다. 인도가 20.73배로 가장 높았고 미국18.63배이 뒤를 이었다. 이외에도 홍콩 16.31배, 호주16.1배, 일본16.04배, 프랑스16.04배, 영국14.94배, 독일14.22배, 중국12.91배 등으로 집계됐다.

이렇게 우리나라 기업의 주가가 외국의 주가에 비해 낮게Discount 형성되어 있는 현상, 즉 코리아 디스카운트는 남북관계로 인한 지정학적 불안이 주원인으로 꼽힌다.

그러나 지정학적 불안이 과장되거나 인위적으로 조성된 것이 아닌지 생각해볼 필요가 있다.

손자병법에도 공성攻城에는 2배의 병력이 필요하다고 했다. 이는 2배 이상의 힘이 없다면 공격하지 말라는 얘기일 것이다. 그런데 북한의 국력GDP은 남한의 2배는커녕 1/20~1/40이다. 이런 상황에서 북한의 우위론은 마치 이제 겨우 기우뚱거리며 걸음마를 떼는 아이가 어른과 싸워 이긴다고 주장하는 것과 같다. 북한은 국력의 우위가 필요한 정규전에서는 도저히 남한을 이길 수 없으니 살아남기 위한 자구책으로 핵무기 개발이라는 비대칭 전략을 채택할 수밖에 없는 것이다.

그러나 군장성과 군고위관계자들은 북한의 군사력이 막강하다고 과장하며 우리의 군사력과 국방예산의 증대를 외친다. 또한 군관계자들은 정부에서 남북한의 군사력 비교 보고서의 제출을 요구해도 이에 응하지 않으면서 우리가 싸울 무기가 없느니, 북한이 우리보다 우월하다는 등 국민을 호도한다.

이렇게 국민의 눈을 가린 채 상대의 능력을 과장하고 위험을 조장하고,

이에 대비하기 위해서는 군사력과 국방예산을 늘려야 한다고 주장한다. 나라는 뒷전이고 자신들의 이익만 챙기고 있는 것이다. 어찌 그들만을 탓하겠는가?

견제를 받지 않으면 자신의 이익만을 챙기는 것이 진화론적인 관점에서 생물의 본질이고 지금까지 종족을 보존해온 존재의 근거인데 말이다.

이렇게 자신과 자신이 속한 조직의 잇속만 챙기는 군출신 고위관계자에게 군의 관리를 맡겨 봐야 군의 효율화와 개혁은 백년하청이고 오히려 코리아디스카운트만 조장할 뿐이다.

1976년 구소련의 벨렌코 중위가 미그 25 전투기를 몰고 일본에 망명하여 그 미그 25의 허상과 실체가 밝혀지기까지, 미국은 그 전투기의 성능에 두려움을 느끼고 있었다. 그래서 미국 국방 당국은 미그 25를 이기기 위한 신예 전투기 개발과 구매에 막대한 자금을 쏟아 붓고 있었다. 그러나 망명한 미그 25기를 해체해본 결과, 이 소련 전투기는 서방세계의 기술로 보면 이미 한세대 전의 것으로서 성능이 형편없었다. 그러니 이처럼 미그 25를 과대평가하게 된 것은 미국 정부에 전투기를 팔아먹으려는 항공우주 군수업체인 록히드마틴의 과대선전과 거기에 동조한 미군 관계자들의 합작품으로 드러났다.

이러한 조직 이기주의를 없애기 위해서인지 독일, 프랑스, 네덜란드, 이탈리아 등 유럽의 선진국은 군대 경험이 없는 사람이 국방장관이다. 이를 반면교사로 삼아 우리도 군 경험이 없는 사람을 국방장관으로 임명하여 객관적이고 합리적 시각으로 우리와 북한의 국력과 군사력을 적시하고 군을 개혁해야만 한다.

그래야만 혈세의 낭비를 없애고 지정학적 불안에 근거한 코리아디스카운트가 사라져, 우리의 경제가 효율적으로 작동하고 제대로 평가받을 수 있을 것이다.

앞으로 한국 주식시장은 저평가되어있을 뿐만 아니라, 한국 기업의 수익성이 꾸준히 좋아질 것이다. 이러한 요인들과 3만 달러를 지나서 고소득 사회로 향함에 따라, 주식 비중의 증가가 맞물려 한국 주식에 투자는 전망이 매우 좋다고 기대할 수 있다.

> 세상사가 궁금하면
> 세상에게 '어디쯤이냐'고
> 묻지 말고,
> 소득에게 '어디쯤 가고 있느냐'고
> 물어라.
>
> 3만 달러를 넘어
> 5만 달러 시대를 준비하라!